やりがいある介護・後悔しない介護

ケアライフコンサルタントが考えるしあわせ人生のつくり方

ケアライフコンサルタント
飯野三紀子
Mikiko Iino

方丈社

まえがき

核家族化が進んだ現在、高齢者と同居する家庭は減り、おじいさんやおばあさんをとおして「老い」を身近に感じ学ぶチャンスは格段に減りました。「おじいさん」と言われてどのような姿をイメージしますか。腰の曲がったおじいさんでしょうか。何が好きで、どのような考え方を持っているイメージがあるでしょうか。

あのローリングストーンズのミックジャガーも八〇歳です。彼の歌を聞いて生きてきた同年代は多くいます。高齢者も人それぞれの老い方をしています。老いのモデルが身近にいないことは、標本化された老いのモデルイメージしかなく、自分もやがては高齢者になること、そして、どのようなプロセスをたどって介護を受ける可能性がでてくるのかを実感しにくくさせています。

人は誰でも平等に年をとり必ず衰えていきます。現在でさえ六〇歳以上の五人に一人が何らかの支援や介護を受けている事実と、今後さらに寿命が延びることを考えれば、「自分もいずれ高齢者になり、介護が必要になる」と覚悟しておくべきです。さらに、自分が介護を受けるときを想定し、今からその準備をしておくことはむしろ当然のことと言っても過言ではないと思います。

高齢になると、「ある日」「突然」に「予告なく」介護が必要になるときがやってきます。例えば、若い人ならつまずかない段差でも高齢者は、つまずきます。若いうちは反射的にバランスをとれますが、高齢になると転んでしまいます。転んだだけではすまず、骨が脆《もろ》くなっているので骨折します。高齢者が転倒して大腿骨を骨折、歩行困難で寝たきりになるという例は決して珍しいことではないのです。

昨日まで自分のことは自分でできていた高齢者が、ある日突然に予告もなく「要介護者」になってしまう。その可能性は他人事《ひとごと》ではないのです。

自分の親が突然に要介護者になると、何から手を着けていいのかわからず、慌てふためくのは当然のことです。

そういう介護経験のない人のために、これまで介護保険の仕組みや介護情報、介護のテクニックなどを解説した本が数多く刊行されてきました。

私は『介護と仕事をじょうずに両立させる本』（方丈社）を上梓しましたが、その後、「介護と仕事の両立」にポイントを置いた書籍も見かけるようになりました。

そうした介護情報はたくさんネットにアップされるようになり、検索すれば簡単に入手できます。

介護情報を収集したり、介護と仕事の両立の方法を知ることを中心とした時代を、介護者にとってのファーストステージとするなら、今は介護に取り組む姿勢とその経験を自分の人生に活かすことを考えるセカンドステージが到来したのではないかと思っています。

しかし「介護」という言葉には、いまだに「長男・長女だから仕方がない」「やりたくはないが避けて通れない」「女性のほうが介護に向いている」というイメージがついて回っています。これが介護を「やらされ感満載」の気持ちにしてしまうのです。

日頃からケアライフコンサルタントとして、介護される側と介護する側、その周囲の人たちの相談を聞いていると、「やらされ感」「嫌々」につながるマイナスの言葉で自分をマイナス方向へ追い込んでいく人の多さを実感しています。

介護を「嫌々やる仕事」のように考えるのは、大事な人生の一定期間をわざわざ味気ない時間にしてしまうようなものです。

「心が変われば行動が変わる。行動が変われば習慣が変わる。習慣が変われば人格が変わる」という有名な言葉があります。

介護との向き合い方、取り組み方を変えれば、介護は自分を成長させ、人生を充実させる貴重な経験に変えることができると思います。

その一例を挙げると、終点が見えず正解がわからないという性質を持った介護に取り組むと、答えの出ない、どうにも対処のしようのない事態に耐える力であるネガティブ・ケイパビリティ（Negative capability）を高められます。

考えてみれば、私たちの人生は正解のない道を手探りで歩んでいくようなものです。介護をとおしてネガティブ・ケイパビリティを高めておけば、これから先、何が起こっても必要以上にうろたえることはなくなるでしょう。

介護には、こうした学びのチャンスがたくさんあります。介護を学びのチャンスにするには、介護を「やらされ感満載」の仕事と捉えるのではなく、介護をジョブ・クラフティングしてみることも一つの方法です。

ジョブ・クラフティングをすれば、役職定年で閑職に回された人が今の仕事を見つめ直し、新しいやりがいを発見するように、介護にもやりがいを発見できると思います。それが人生の充実に役立つのは言うまでもないことです。

こうしたネガティブ・ケイパビリティやジョブ・クラフティングといった考え方はまだまだ一般的ではないものの、この考え方を利用し介護する側・介護される側の人生を成熟させていくことに介護経験は格好の材料で、馴染みのよいリアリティな学びになると思います。

本書ではＡＣＰ（Advance Care Planning、通称「人生会議」）についても紹介しています。介護版のＡＣＰをして、介護が必要になったとき、人生の最期をむかえるときの希望をあらかじめ決めておけば、自分の意思が伝えられなくなった状態でも自分らしく生ききることができます。このＡＣＰには、自分の人生を充実させるために、高齢者はもちろん、これから老いを迎える人たちにぜひ取り組んでほしいと思います。

人生一〇〇年時代といわれます。人生一〇〇年時代は、皮肉な言い方をすれば、なかなか死ねない時代と言い換えることができます。一生が長くなれば否応なく「介護をする可能性」も「介護をされる可能性」も高くなります。

そうした時代の変化を踏まえて、本書では、介護される側も介護する側も納得できる介護、後悔を残さない介護の在り方を考えるとともに、「やらされる介護」から「自分づくりの介護」という視点で、どうすれば介護を自分らしく生きていくための成長のチャンスにしていけるのかを考えていきたいと思います。

本書で述べることの一つでも二つでも、皆さんの今後の人生を充実させるヒントになれば、著者として望外の喜びです。

二〇二三年新年を迎えて

飯野三紀子

やりがいある介護・後悔しない介護

目次

第1章　介護は「他人事」ではなく「自分事」
――介護をジョブ・クラフティングする

第2章

介護との「正しい距離感」を考える
――できることを奪わない、見守ることも立派な介護

第3章　介護版「人生会議（ACP）」のすすめ
——納得のいく介護と人生完成のために

第4章 介護は自分を成長させるチャンス

——介護で身に付く一〇の能力

第5章　介護は要介護者と介護者との共同プロデュース
――介護の犠牲者にならず、人生一〇〇年時代を生き抜くために

装丁——倉田明典
本文デザイン——印牧真和
本文イラスト——しんかい40
DTP——山口良二

第1章

介護は「他人事」ではなく「自分事」

介護をジョブ・クラフティングする

予告なく突然に始まる介護▼▼▼相談者Yさんの場合①

高齢者人口の五人に一人が何らかの支援や介護を受けているわけですが、介護生活の多くは「ある日」「突然」に「予告なく」始まります。その例を一つ紹介しましょう。

私のところに相談にきたYさんは数年前に定年延長を断り、長年勤務した会社を六〇歳で退職。自宅で仕事をしつつ、高齢の両親との三人暮らしを始めました。そのとき父親は八九歳、母親は八七歳。

そんな生活を始めて三か月ほどしたとき、母親が家の中で転倒して骨盤を骨折、歩けなくなりました。

それまでは、認知症の父親の世話、食事の支度、掃除洗濯などの家事と介護は母親がすべてこなしていましたが、歩行困難になったため、Yさんが在宅で仕事をしつつ、両親の世話をしなければならない状況になりました。まさに「突然」「予告なく」の介護生活の始まりです。

Yさんは父親の介護をいっさいしてこなかったので、何から手を着けていいのかまったくわからず、慌てたそうです。

例にもれず、ネットで「介護」「まずやること」を検索すると、地域包括支援センターに相談すればいいらしいとわかりました。

それまでも父親の介護認定で、地域包括支援センターや市役所の認定調査員が自宅を訪れたと母親から聞いていたので、そのときはじめて「あそこに相談すればいいのか」と思ったそうです。

地域包括支援センターに連絡を入れて状況を説明すると、センターの相談員が訪問してくれることになりました。

駆け付けた相談員が両親の状態を見た後、Yさんと今後についての話し合いが始まりました。

歩けなくなった母親は入院させるか、仕事を持っているYさんが認知症の父親の世話を見ることができるかどうかなど、これからの問題を洗い出し、市役所の担当職員も来て、母親の要介護度の認定が行われました。

電話連絡や人の来訪など、バタつく中でYさんの介護生活は、まさに「予告なく」始まったのです。

自宅に戻れぬまま亡くなった父親▼▼▼Yさんの場合②

父親は要介護2の認定を受けていましたが、Yさんは要介護2の認定が、どのようなサービスを受けられるのかも知らぬまま、母親が要介護3となったため父親と同じケアマネジャーに両親とも担当してもらうことに決めました。

ちなみに要支援1、2は地域包括支援センター、要介護1~5は居宅介護支援事業所のケアマネジャーとの契約になります。

Yさんの両親の要介護認定が終わると、ケアマネジャーが主導する形で、介護計画の検討が始まりました。

幸いにも病院での診察の結果、母親の骨盤の骨折は手術の必要はなく、固定して安静にしていればよいとわかりました。

入院の選択肢もありましたが、医師からは「入院しても寝ているだけなので、家で過ごしてはどうか」と自宅療養をすすめられました。ケアマネジャーは医師の意見を参考に、母親はショートステイを利用して安静を保ち、その間、認知症のある父親も同じ施設の個室でショートステイ、そのほうがYさんも楽だろうと提案しました。

Yさんはその提案を受け入れ、両親を4週間ショートステイに預けることにしました。介護保険が利用できるショートステイは1か月以上を超えて利用することはできません。

ショートステイに入居した母親は順調に回復。ところがその間に父親が発熱。そのショートステイ施設では医療行為はできない規定だったので、父親のみ入院ということになりました。

発熱はおさまったものの、病院の治療過程で栄養状態が悪いことがわかり、栄養状態が回復するまで入院延長になりました。

病院でほとんど寝たきりで過ごしていた父親の体力はどんどん落ち、認知症も進んでいったそうです。栄養状態が改善すると、病院に併設されている介護老人保健施設（老健）に入所することになりました。

老健とは、要介護1以上の認定を受けた人を対象とした施設で、自宅復帰のためのリハビリや医療ケアを中心に行う施設です。

老健に入所した父親は食欲が落ちて、ペースト状の食事が中心になりました。体力も落ち、人の手を借りないと体を起こすこともできなくなったそうです。折からのコロナ禍でアクリル板越しの面会でも、その衰えぶりははっきりとわかりました。

そして入院から通算七か月、自宅に帰ることなく九〇歳で亡くなったそうです。

Ｙさんの母親のほうは自宅に戻りシルバーカーを頼りに歩けるようになり、最初は嫌がっていたデイサービスにも週二回通う生活をしているそうです。

一方父親のほうは、母親もＹさんも最期に立ち会えず、自宅に帰ることなく一人で亡くなってしまった……。それから二年たった今でも、Ｙさんは父親の介護に「ほかの選択肢はなかったのか」「あれでよかったのか」と、父親の看取りを繰り返し思い悩むと言っています。

双方納得の選択が何より重要

Ｙさんのケースは特別に珍しいものではありませんが、いくつかの問題を提起しているように思います。

最も大きなことは、父親の介護認定というせっかくの介護経験のチャンスを逃していたことです。初動である地域包括支援センターにはたどりついたものの、自分の生活に突然入り込んだ介護にパニックとなり、両親の意思や希望をほとんど聞き出さないまま、Yさんとケアマネジャーで介護計画を作ってしまいました。

これは親の介護でよくあるケースですが、両親のどちらかが介護になったときに両親だけに任せてしまう。夫婦のことは夫婦でやるというのは、一見、子どもの世話にならない、個を尊重した夫婦の形と捉えられますが、これは間違った個の尊重であると思います。

めぐりめぐれば、必ずやってくるのが介護問題です。手続き方法やどのような介護を受けているかなどは貴重な経験となるものです。その経験をしない、させないというのはいかがなものかと思います。

「ある日、突然、予告なく」やってきた介護に直面して冷静でいられなくなるのは、経験をしていないことによる知識不足と予測力の欠如が要因であると思います。

介護生活では、介護をする側と介護をされる側、二人が主役の共演です。介護をされる主役の意見が反映されていない介護をすれば、その生活は介護される人にとって面白くないもの、納得のいかないものになってしまうのは想像に難くありません。

仕事を持っている人が介護計画を立てるとき、自分の都合を優先しようと強硬に出れば、介護されるほうに我慢を強いるだけの介護になってしまうかもしれません。

介護される側も介護する側も納得し満足できる介護計画を立てたいのなら、まず介護される人の意見や要望を聞き出し、介護計画に反映させる。そして介護する人の都合と折り合いをつけ、限りある介護サービスの中で双方が納得のいく選択をすることが何より重要です。介護する側される側、双方が主役であり続けるために調整力と協力が必要なのです。

介護のための「人生会議」

介護や医療的措置の選択は時間との競争です。その場でさまざまなことを次々と決めていかなければならず、介護される人の要望をじっくり聞き出している余裕がないことがしばしばです。

紹介したYさんはまさにその典型で、両親の要望を聞くこともなく、介護保険制度や医療措置の知識もなしに、ケアマネジャーに提案された介護計画にしたがって介護生活をスタートし、医療的な措置も考えることなく選択してしまったのです。

今となっては亡くなった父親の気持ちを知ることはできませんが、それぞれのプロの意見とはいえ、自分たちの意思や考え方がそこに反映されていたのだろうか、「あれでよかったのか」という思いが今でもよぎることになったのだと思います。

では、介護される人が納得し、介護する人に後悔が残らない介護をするにはどうすればよいのか。私はその方法として「人生会議（Advance Care Planning、ＡＣＰ）」をしておくことをすすめています。

「人生会議」は主に終末期医療での要望を医療関係者と話しておくことで、厚生労働省も推奨している取り組みです。そのメリットや方法については第3章で詳しく述べますが、当然、介護される人と介護をする人が共通の認識を持つために、お互いに納得する介護と終末の過ごし方をリアルに話し合っておき、それを「いざ介護」となったとき、介護計画に反映させ、よりよい介護と終末を目指さなければ人任せの人生の最後になってしまうわけです。つまり、「人生会議」とは人生を最後まで自分らしく生きるための準備なのです。

「介護＝高齢の親の介護」とは限らない

ここまで本書では、父親や母親が要介護者になったとき、その子どもが介護者になると想定して話を進めてきました。

しかし、少子高齢化、晩婚化、単身者の増加、子どもがいない夫婦の増加などで、子どもは親の介護だけを考えておけばよい時代ではなくなりました。

例えば、親の兄弟姉妹が単身者で、おじさんやおばさんが要介護状態になった場合です。おじさんやおばさんの介護は誰がするのでしょうか。

すぐに考えつくのは、自分の親が単身者の兄弟姉妹の介護者になるケースです。

しかし、その親自身がすでに高齢で体力的に介護ができない場合、甥や姪にあたる自分が介護者になる可能性は否定できません。

私は母のほかに、母方の叔母と叔父の介護と看取り、亡くなった後の諸々のことまでした経験があります。私のケースがまさに「親の兄弟姉妹が単身者や子どものいないケース」でした。

ほかにも、自分の兄弟姉妹、配偶者、パートナー、子どもが要介護状態になったときも、自分が介護者になる可能性があります。

また、介護の対象者は高齢者に限りません。最近、社会問題になっているヤングケアラーはその例です。

親や兄弟姉妹が病気であったり障害を持っていたり、ヤングケアラーたちの事情はそれぞれです。

「介護」というと、子どもが高齢の親の世話をするイメージがあります。しかし、それは日本が二〇〇〇年にスタートさせた介護保険制度が四〇歳以上の被保険者に適用するものであり、そもそも高齢者の生活支援の制度として作り上げたために、「介護＝高齢の親の介護」というイメージが強いだけです。

子どもや若年層へは介護というよりケアや援助、介助という言葉を使いがちなのは、そういった背景があるからだと思います。

少子高齢化、晩婚化、単身者の増加などが進む中、実際にはいろいろな介護ケースがあり、誰かが誰かのケアをする、誰でも介護をする側、介護をされる側になる可能性があると考えておくべきです。

もしあなたが要介護状態になったら誰にどのような介護をしてもらいたいですか。そして介護をしてくれる人の了解は得ていますか。今から考え、決めておくべき重要なことです。

「介護は経験しないとわからない」と心得ておく

認知症の親やパートナー・配偶者の介護を経験した人同士が「認知症あるある話」で盛り上がることがよくあります。

・家に一つしかないトイレに「男便所」と張り紙したのに既読スルー。
・２ＬＤＫの家の中で迷子、救出に向かう。
・冷凍食品を凍ったまま完食。
・謎の請求書と大量の商品ストックで一部屋が倉庫化。
・三〇秒ごとのご飯の催促でも太らない体型維持力。
・真夏にマフラーとウールのコートを着込むファッションセンス。
・介護認定の席で、普段見たこともない健康アピール。

「認知症あるある話」を挙げたらキリがありません。こうした笑い話のようなエピソードはネットなどに紹介されているので、話としては知っている人は多いと思います。

しかし、その笑い話の背後には、介護をした人でなければわからないイライラや怒り、悲しみがあります。だからこそ、介護経験者同士での「認知症あるある話」はちょっと切なく盛り上がるのです。

「介護は経験した人でないとわからない」とよくいわれます。いくら介護の経験談を本やテレビなどで知っていても、「百聞は一経験にしかず」です。誰もが冷凍食品を完食するわけでもなくケースもさまざまです。実際にやってみないとその背後に沸き起こる感情や肉体的精神的な大変さはわかりません。

親や配偶者が認知症によって変化をしていく場面を目の当たりにすることは、それぞれの関係性によっても違いますが、かなり心のダメージが大きいことは間違いありません。

認知症の介護の場合、要介護度が軽いとき、つまり認知症による介護の初期段階のほうが介護者の精神的疲労感や苦痛は大きいものです。それは要介護者がアクティブな状態ゆえの問題行動が目立つこともしかり、変化についていけない介護者の心の問題もあるからです。

いざ「その時」を迎えたときの心構えとして、介護はやってみないとわからないと心得ておけば、何が起ころうとも「ウチの場合はこうきたか！」と、その経験を味わい、そういうものかと受け止められれば、いくらかでも心の余裕につながると思います。だから大丈夫。経験を重ねていくうちに心のダメージにも耐性力がしっかりついてくるのです。

介護は「他人事」ではなく「自分事」

私たちは人生一〇〇年時代を生きています。ということは、いつかは介護される側の人間になる可能性は漏れなくついてきます。

それでも私たちは何の根拠もなく「自分はそうはならない」「自分は例外」「自分は大丈夫」と考えがちです。

人間には自分にとって都合の悪い情報を無視したり過小評価したりする認知の特性があり、これを心理学では「恒常性バイアス」と呼んでいます。

一例を挙げれば、「自分はコロナにはかからない」「自分が住んでいるところには大地震はこない」というようなことです。

しかし、私たちは平等に年をとります。年齢に関しては「自分は例外」ということはありません。

年をとれば当然、衰えます。衰えれば、誰かの助けを借りて生きていくしかありません。

何年か前に「ピンピンコロリ運動」が始まりました。志はとても素晴らしいことですが、ピンピンコロリで亡くなるのは死因の5～8％。つまり、私たちは介護をされる確率のほうが高いわけです。

介護は生活援助であり、治療ではありません。例えば枯れるように老衰で亡くなったとしても、何の生活援助を受けずにコロリと老衰で亡くなるのは難しいのではないでしょうか。

寿命の延びとともに介護される人は増え続け、介護をする人も増えています。今、介護をしている人も、介護をしていない人も、やがては高齢者になり介護をされる側になる可能性は大です。

つまり、「介護は他人事」ではなく「自分事」としてとらえなければならない「一億総介護時代」になったということです。

いつかは自分自身が介護される側になる。今は介護とは無縁でも、そういう気持ちで介護を見つめてほしいと思います。

介護を「自分事」としてとらえて見つめていれば、いつか突然に「その時」がきたとしても、しっかりと介護に向き合うことができると思います。

介護を「人生の一つのステージ」ととらえる時代

親の介護をしている人を傍から見ると、「大変そう」「気の毒」「可哀そう」と同情的に見てしまうことはありませんか。

なぜ介護している人を同情的に見てしまうのでしょうか。それは、介護は「背負った負担」で、できることなら「介護は避けて通りたいこと」というイメージが強いからです。

しかし、介護は他人事ではなく自分事としてとらえる時代になりました。要は、避けて通ることのほうが難しいのです。

そう考えると、いつまでも介護を「背負った負担」ととらえるのは時代遅れの認識といえそうです。

そろそろ介護は「誰もが経験すること」「人生の一つのステージ」と冷静にとらえるべきではないでしょうか。

新入社員は、社会人としての挨拶の仕方や電話のかけ方に始まり、企画書や報告書の書き方など、一つひとつ経験をしながらその方法を学んでいくものです。

新しい経験には学びが付き物です。その意味で私は、介護も「学びのチャンス」ととらえてみてはどうかと考えています。

いつまでも介護を「背負った負担」ととらえ続けるのは学びのチャンスを逃し、みすみす長い人生の一部にマイナスの期間を作ってしまうようなものです。

介護される側、介護する側、どちらの形で介護にかかわるかは置くとして、誰もが介護と無縁ではいられない時代です。であるなら、もう介護を「背負った負担」ととらえるのはやめましょう。

介護は「背負った負担」ではなく、「正対して取り組む人生の課題」と受け止めれば、そこに人間的な成長が期待できると思います。

「ジョブ・クラフティング」という視点

介護を「背負った負担」から「正対して取り組む人生の課題」として受け止めるには、私は介護をジョブ・クラフティングしてみることが有効だと考えています。

ジョブ・クラフティング（Job Crafting）――。ジョブはいうまでもなく仕事、クラフティングは技能、技術。直訳すれば「仕事をするうえでの技能、技術」という意味です。

しかしジョブ・クラフティングは、システムエンジニアにとってのプログラミング技術のように、ある特定の仕事をするときに必要な技能や技術のことではありません。

ジョブ・クラフティングとは、「やらされ感満載の仕事」や退屈と思う作業を、働く人自身が自分の意思で新しい視点を取り込んで仕事を再定義し、「やりがいのある仕事」に変える手法のことです。

成功すれば、仕事に対するモチベーションが高まり、パフォーマンスの向上につながります。

それがジョブ・クラフティングの狙いで、働く人一人ひとりが仕事に対する認知や行動を自ら主体的に修正していくことを指します。

「やらされ感満載の仕事」と「自分がやりがいを感じる仕事」、どちらがより成果を上げられるでしょうか。言うまでもなく「やりがいを感じる仕事」のほうです。

介護もキャリアの一つ

一般的にジョブ・クラフティングでは、作業クラフティング、人間関係クラフティング、認知クラフティングの三つのポイントで仕事を見直しますが、この三つのポイントは、すべて介護に置き換えることができます。

作業クラフティングは仕事のやり方の工夫なので、介護の場合は介護の仕方に対しての工夫に置き換えることができます。

人間関係クラフティングは、周囲の巻き込み方や働き方の工夫。介護も当然そうです。

認知クラフティングは、仕事の捉え方、考え方を見直すことです。介護についていえば、自分が取り組んでいる介護が自分の将来にどのような好ましい影響を与えるか、それを考えながら介護をしていけばいいわけです。

例えば、車椅子や歩行器などの介護用品に関心を持ってみる。介護食の栄養や調理法に関心を持ってみる。あるいは介護を受けている人の心の変わり方、体の変わり方を観察してみる。つまり、どんなことでもいいので、自分がやっている介護から派生するさまざまなことに関心を広げてみることです。

介護には寝たきりの人を起こす場面がありますが、人の体のどの部分を支えれば起こしやすいか。そんなことに興味が持てれば、味気ない介護ではあっても、ちょっと楽しさを発見できると思います。

誰でも仕事や遊びなら関心を持てるのに、介護となると話は別で、自分で介護に対する関心の目を閉じてしまっている人が多いと思います。だから「介護はつまらないこと」というイメージが定着しているのだと思います。

少しでもいいから介護にかかわることに関心を持つ。関心を持てば視点が変わります。視点が変われば発見があります。発見は新しい知識で、知識を得ることは喜びにつながります。

ジョブ・クラフティングの目的は、仕方なくやっている仕事を見直して、能動的に向き合うように変えることです。仕事に能動的になると、自己効力感が高くなり、自信がわいてやりがいを感じられるようになります。介護者にとって介護は仕事といっているわけではありません。

日常生活の中で起こる介護をジョブ・クラフティングをして、「やらされ介護」を「生の学習という報酬が得られるやりがいある介護」に変えてほしいと思います。

「やらされ感満載」を「やりがいのあること」に

介護を「やらされ感満載」のままにしておくわけにはいきません。

介護や支援が必要と認定された人は、介護保険元年の二〇〇〇年から二〇二一年二月までの約二〇年間で三倍になりました。

介護や支援が必要な人たちはますます増加し、しかも寿命は延び続けます。ということは介護をする期間も延びるということです。

介護をする期間が長期化すると経済的な厳しさが増すだけでなく、いつ終わるともわからない介護生活を「やらされ感満載」で続けることになります。その間に蓄積される精神的な負担は想像を絶します。

介護疲れで親を手にかけてしまった、あるいは親子心中をしたなどという最悪なケースのニュースがマスコミを賑わせることがあります。これなどはまさに蓄積された精神的負担や疲労が原因だと思います。

そうした最悪のケースを招かないまでも、いつ終わるともわからない介護を「やらされ感満載」で続けていては、毎日が面白くなく、自分の人生をつまらないものにしてしまいかねません。

こうしたことにならないために介護をする人たちに必要なことは、一人ひとりが介護に新しい視点を取り込んで、介護を再定義し、介護を「やりがいのあること」に変容させ、自分の人生を充実させていく。まさに介護のジョブ・クラフティングが必要なのです。

介護は人間力アップと人生充実のチャンスになる

介護をジョブ・クラフティングして「主体的に取り組むこと」に変容させると、自分の人間力を高めることにもつながります。

というのは、主体的に介護に取り組むと、単に介護の知識や技術を覚えるだけではなく、ちょっとのことではへこまないタフネスさや我慢強さを身に付けることができます。その意味で、介護は「心の筋トレ」になるといってよいと思います。

また毎日の介護でどのような声かけが有効か、人にどのようなアプローチをすると気持ちや行動が動くのかなどの経験は、洞察力をアップさせます。

介護は慣れないことばかりですし、想定外のことが頻発します。肉体的にも精神的にも、一時的な負荷がかかります。だからこそ余計な負荷となるストレスをかけないために「介護は人生に役立つ経験」ととらえ、「心の筋トレ」をしてみてはいかがでしょうか。

主体的に介護に取り組んだ経験があると、いざ自分が介護をされる側になったとき、どのような介護サービスが自分に向いているのか、満足した選択ができるのかといった現実的なことだけではなく、介護を支援してくれる人にどのように接すれば気持ちよく積極的に協力してもらえるようになるか、勘所を外さずにコミュニケーションが取れるようにもなるでしょう。

つまり介護に対する向き合い方を変え、積極的に介護に取り組むことは、人間力を高め、コミュニケーション能力の開発もできるという具合に、私たちが得られるメリットはいくつもあると思います。

ほかにも、食事のことからは人間のステージに合わせた栄養学や医療的な知識が得られる、人間の筋肉や生体について学べる、さらに介護に使う道具や補助具など、普通に暮らしていては経験できない学びが身近にあふれかえっている。それが介護という世界なのです。

当然、介護を経験したあかつきには、介護医療の領域や自治体、仕事をしていれば職場、そして親族の各領域においてトータルのマネージメント力、継続する力、忍耐力、そして豊かな喜怒哀楽。得られることはたくさんあります。

介護経験は、今述べたほかにも多くの能力に磨きをかけてくれます。介護は人間力アップと人生充実のチャンス、新たな知的好奇心を満たしてくれるチャンスと受け止めて、逃げることなく、しっかり向きあってほしいと思います。

第2章

介護との「正しい距離感」を考える

できることを奪わない、見守ることも立派な介護

時代に合わせて変わり続ける介護保険制度

昭和時代までは高齢者の面倒は家庭でみるという意識が強く、高齢になった父母の世話を息子や娘、息子の妻など、家族が介護するのが普通でした。しかし、高齢者が年々増加するとともに若年層が減少し、「プロの手を借りる介護」という考え方へ少しずつシフトしていきました。

そうした社会の変化に伴って、二〇〇〇年四月に「高齢者を社会全体で支える」という理念のもと、介護保険制度がスタートしました。

二〇〇六年には、それまで補助事業とされていた「介護予防・地域支え合い事業」が介護保険制度に組み込まれ、二〇一二年には「地域包括ケアシステム」が推進。さらに二〇一五年には一定以上の所得がある人は介護保険サービス利用時の自己負担が一割から二割へ変更。それまで要介護1以上であれば入居可能となっていた特別養護老人ホームへの入居も、要介護3以上でなければ入居できないなど、大きな法律改正がありました。

その後も二〇一八年には利用者の尊厳の保持と自立支援を理念に掲げ、「地域に貢献し地域に開かれた交流」を目的とする介護医療院が創設され、ほかにも年収三四〇万円以上の人は三割負担に、二〇二一年には介護職の報酬が引き上げられました。

このように日本の介護に関する制度はおよそ三年ごとに改正されて今日に至っています。おそらくこれからも介護保険制度を時代に合った形に修正しつつ、超高齢化時代の介護を維持していくために介護保険法は改正されていくと思います。

介護に対する心構えをしっかり持つことが重要

介護保険制度のどこがどう変わったのか、そのポイントを知っておくことは決して無駄なことではありません。

しかし今述べたように、介護保険制度は時代に合わせて変わっていくので、介護保険制度の最新情報を追いかけても切りがありません。

最新情報は、介護の必要が生じたときに厚生労働省のホームページを見て調べれば十分間に合います。また、行政の窓口や地域包括支援センターで説明を受けることは可能ですし、相談にも乗ってくれます。

その意味で、最新の介護制度の熟知に時間をかけるより、日頃から介護との向き合い方や、親が介護状態になったときに自分や家族ができることとできないことをしっかり整理しておくほうが、「いざその時」に慌てずにすむので、ずっと現実的だと思います。

「まえがき」にも書いたように、私は本書のテーマを介護保険制度についての解説や介護と仕事の両立の方法などについて述べるのではなく、自分自身の介護や、家族の介護に対する考え方、心構えを中心にと考えています。

なぜなら、後悔のない介護をするためには、介護や家族に対する向き合い方をしっかり考えておくことのほうが、介護を「人生の一つのステージ」ととらえる時代ではずっと重要と考えているからにほかなりません。

納得できるところまで関われば後悔はない

親子関係を例にすると、世の中はベッタリ親子の家庭ばかりではありません。むしろベッタリ親子の家庭が少ないので、親と子の仲がよく笑いの絶えない家庭を望んでいるのかもしれません。逆に親子関係がドライで、お互いに関心がないという親子もいると思います。これも親子関係の一つのケースで、ドライな親子関係が悪いというわけではありません。

しかし、ベッタリ親子であろうとドライな親子であろうと、自分が納得できるところまで親の介護に関わらないと、親が亡くなった後に必ず後悔が残ります。

在宅介護にありがちなことですが、親の介護で重要なことは、世間の介護像に振り回されないことです。例えば、大嫌いな親のお風呂の介助を我慢しながらやる必要はないのです。嫌なことはなるべくヘルパーさんの力を借りればよいのです。

大切なことは、自分で介護をしようがヘルパーさんをフル活用しようが、自分の気持ちと折り合いをつけつつ、「自分はそこまでやった」と自分が納得できるところまで介護と向きあったかどうかです。

身体に直接触れて行う日々の介護より、納得いくまでの介護をしたかどうかで後悔という心の傷がなくなるのだと思います。

「ちょっと待って、よくよく考えれば」という癖をつける

例えば、「あの人はA型だから几帳面」「定時で帰る社員はやる気がない」と思うことはありませんか。

介護についても、「親の介護は長男（長女）がするもの」「介護はつらいこと」「介護は女性が向いている」と思い込みがちです。

しかしこれらは、「アンコンシャス・バイアス」といって、これまでの経験や見聞きしたことに照らし合わせて、脳の機能によって引き起こされる無意識の思い込みや偏見にすぎません。

冷静になってよく考えれば、次男や次女が介護をしてもいいし、そのほうが合理的という場合もあります。

また、人間には一次感情と二次感情があります。一次感情は、自分の中にある不安や悲しみ、嫌悪、困惑といったネガティブな感情が多いといわれています。

その一次感情が自分の許容範囲を超えて処理できなくなると、怒りとして外に向けて表現してしまいます。それを二次感情といいます。

親の介護をしていると、自分の思うようにならない場面が多々ありストレスが溜まりネガティブ感情になりがちなだけなく、疲労も蓄積します。それが親への怒りとなって、大きな声を出したりしてしまいます。

残念ながら在宅介護でおこる要介護者への虐待行為や、怒りのやり場がなく自分を傷つけたり、家具を壊す行為などは、まさに「介護あるある」の感情に支配されていることが原因です。

介護の場において「ちょっと待って、よくよく考えれば」という癖をつけると、こうした怒りの感情に翻弄されにくくなります。つまり、冷静に今やるべきことをやれるという、合理的な行動に移せるのです。

それだけではなく、よく考えることで新しい発見というプレゼントを得られれば、人生の幅も広がるかもしれませんね。

介護費用は「ざっくり把握」、使える資金は「しっかり把握」

二〇一九年に金融庁が公表した「老後に二〇〇〇万円不足する」という報告

が話題になったので、介護費用にかかる金額への関心がさらに高まったようです。

「介護」「お金」というキーワードでネット検索をすると、在宅介護にかかる費用、介護施設に入居する費用、医療費など、あふれるほどの情報がヒットします。

しかし、介護にかかる費用はその人の健康状態によってまちまち。冷静に考えれば、一概に「いくらかかる」などとはいえないことくらいすぐに想像がつきます。

例えば、親が要介護状態になったとします。そのとき家で介護をするのか、それとも施設に入居するのか。その施設は公営の特別養護老人ホーム（特養）なのか、ケアハウスなのか。あるいは民間のグループホームなのか、介護型の「サービス付き高齢者向け住宅（サ高住）」なのか……。このようにどの施設を選択するかによって費用が違ってきます。

数百万円の一時入居金を必要とする豪華な施設もあれば、公営の特養のようにひと月に約一五万円、民間のサ高住なら二〇万～三〇万円くらいと大きな開きがあります。

施設やサービスを利用する人の世帯所得によっても費用負担は一～三割。特養やショートステイなどは世帯所得によって費用補助もあります。

ですから、介護の準備として介護費用を細かく調べて計算するよりも、対象となる人の収入や預貯金や、持ち家ならリバースモーゲージの制度も使えるので介護にかけられる費用はどのくらいあるのかをしっかり把握することのほうが優先順位は高いのです。

親や兄弟姉妹など自分以外の家族の財産を把握している人は、案外少ないのではないでしょうか。

つまり、いまから介護費用を細かく計算するのは現実的ではありません。収入や預貯金によっても介護にかけられる費用は異なってくるので、介護に使える金額をざっと計算しておいて、その金額内でできる介護を選択すればいいと思います。

介護費用はざっくり把握しておく。そのくらいで十分というのが私の考えです。

高額出費を招いたナースコールの教訓▼▼▼契約書チェックは必須

私の相談者の一人に、認知症の母親をサービスが充実した有料老人ホームに入居させたKさんがいます。ある日、相談にやってきたKさんは、実際に入居させてみると、基本的な入居費のほかに月々支払うサービス料が想定していた以上に高いので驚いたと言います。

よく話を聞いてみると、月々のサービス料を高くしていたのは、ナースコールでした。Kさんが母親を入居させたホームはナースコールが有料だったのです。

ナースコールは困ったときに助けを求めるためのものなので、無料のホームが多いのですが、「1コール」ごとに料金が加算されるところもあります。Kさんの母親のホームが、まさにそれでした。

「1コール」の料金はホームごとに異なるのでしょうが、1コール一〇〇円くらいかかるようです。

高齢者が家族と離れてホームに一人でいると何かと心細くなり、いちばん身近にいて頼りになるのは看護師や介護士です。ちょっと具合が悪くなると不安になるし、話し相手もいないので小さな用事でもついついナースコールをしてしまいます。

看護師や介護士に話し相手になってほしいという場合も含めて、何度もコールボタンを押してしまうケースは珍しいことではありません。

Kさんの母親は一日に二〇回も三〇回もナースコールをしていたようです。

一回一〇〇円として一日に二五回コールしたとすると二五〇〇円、ひと月に七万五〇〇〇円のナースコール料が加算されます。一年にすると、実に九〇万円です。家計にゆとりのある人でも、年間九〇万円は大きな出費です。Kさんはそれが一つの理由となって、ホームを変えたそうです。

頻回のナースコールは、ホームの運営者にとってもっとも頭を悩ませる問題です。ナースコールのほとんどは「ちょっとした用事」であっても、中には「万が一」の場合もあるので疎かにはできません。

特にナースコールは夜間に集中する傾向があるので、それに対応するためには看護師や介護士を確保しておく必要があります。ナースコールに対応する看護師や介護士には、それなりの手当ても支給しなければなりません。それが経営を圧迫します。したがって、「ナースコール有料化」で経営を支えるということになるのだと思います。

私がなぜこの話を紹介したかというと、例えば親を手厚いサービスをしてくれる有料老人ホームに入居させたからといって、それで万事ＯＫというわけではないと言いたいからです。

有料のホームに入居する場合は、入居する人の性格を見極めて施設を選ぶ必要があるのです。

ナースコールの有料化が悪いとは思いませんし、有料化によってホームの経営が健全化し、提供するサービスが充実するなら、むしろ有料化は当然です。しかし、入居する人の性格を十分に考慮しないと、紹介したような問題が起きてしまうのです。

ホームに入居する際は施設と契約を結びます。契約書にはどのような場合にいくら料金が発生するかが書いてあります。契約書は生命保険の約款のように小さな文字で書かれているかもしれません。しかしそこをしっかり読み込んでおけば、頻回のナースコールで高額な料金が発生するかもしれないと想定できたでしょう。

契約書をすみずみまで読むのは骨の折れることです。しかし、契約書を注意深くチェックすれば、後々の問題発生を事前につぶしておくことができます。ただでさえ介護生活ではストレスを抱え込みがちです。介護関係の契約書チェックは後々の介護ストレス軽減のために重要なことと心に留めておいてほしいと思います。

理想は「オーダーメイド」、現実は「前向きな妥協」

今述べたように、介護にかかる費用はその人の健康状態によってまちまち。さらに言えば、介護を必要とする人の性格や好みもまちまち、家族構成もまちまち、家計の状態もまちまちです。

ネットには山ほど介護事例が紹介されていますが、わが家のケースにぴったり合った介護事例など、まずないのです。それはあくまで「一例」にすぎません。

介護される人にしてみれば、自分の性格や好みに合った介護がベストであることは言うまでもありません。

しかし、ネットで調べてみると「こうしているケースが多い」と出ていた。だからといってその事例やケースをそのまま採用してしまうのは、無理やり体に合わない服を着せてしまうようなものです。

介護は長く続くものです。自分の好みに合わない介護を続けていると、介護される側には不愉快が蓄積して、介護そのものを毛嫌いするようになるかもしれません。これまで自分の力で真摯に生きてきた人にそんな思いをさせたくはないと思います。その意味で「オーダーメイドの介護」が理想です。

オーダーメイドの服が着心地がいいように、その人に合った「オーダーメイドの介護」をして、気持ちよく生活できるようにしてあげたいものです。

しかし、介護サービスには制度的な制約があったり、利用したい施設に空きがなかったりして、最初から希望や要望が一〇〇%かなった完全にオーダーメイドの介護をスタートさせることは現実にはあり得ないと言っていいでしょう。

ならばどうするか。私が考える現実的な方法は、介護される人の好みや希望と、介護する人の時間的、肉体的、経済的な条件で「折り合いのつく介護メニュー」を作り、先ずはそれで介護生活をスタートすることです。

足のサイズに合った靴でも、最初から履き心地のいい靴などありません。爪先や踵が当たり、どこかに窮屈さを感じます。しかし、しばらく履いているうちに自分の足の形に馴染んで、次第に「履き心地のよい靴」になっていきます。

介護でも同じようなことが言えます。少しの不満はあるが、介護される人と介護する人が同じ認識を持ち、お互いに「折り合いのつくメニュー」で始めた介護に馴染んでいって、徐々に日常の生活に変わっていけば、それはいつしか心地のよいものになるのではないでしょうか。

大切なことは、いくら「オーダーメイドの介護」が理想と言っても、オーダーメイドに固執することなく、現実的に可能な範囲で「折り合いのつく介護メニュー」を作ることです。

介護は、高級な靴店で足の木型から作るようなオーダーメイドのようにはいきません。だからと言って、提案された介護メニューをそのまま受け入れるべきだというのではありません。現実的に可能な範囲で折り合いをつけていくという「前向きな妥協」が必要なのです。前向きな妥協は、なるべく快適でフィット感のあるものであれば最高ですね。

最期を迎えるまでの生き方

あるご夫婦の切ないお話を一つ。夫七九歳、妻七五歳。夫婦二人暮らし。難病がある夫は自宅で訪問医療と介護を受けていました。訪問医の主治医には自宅で最低限の医療のもと延命することなく最期を迎えたいとの意思を伝え、まさしく「人生会議」をすませていました。

仕事が忙しい息子は二年間帰省していませんでしたが、夫婦にとっては自慢の息子です。夫にいよいよ看取りの時期がきたため、夫婦はお別れの時がきたと息子に連絡。あわてた息子が両親のもとに到着し、死期を迎えた父親と対面すると、その姿にショックを受け、なぜ救急車を呼ばないのかと激怒。母親が自宅での看取りのことを説明してもショック状態の息子は聞く耳を持たず。あっという間に救急車で病院に運ばれ一時的延命処置をされ、会話をすることもできなくなって三週間後に病院で亡くなったそうです。

妻は長年連れ添った最愛の夫と決めた最期の過ごし方がかなわなかったこと、息子も親を思っての行動であったことなど、何とも複雑な思いが残る終幕となりました。

「人生会議」とは、自分の生き方や価値観に基づいて、食事が食べられなくなったとき胃ろうを望むかどうか、心停止したときには蘇生を望むかどうかなど、最期を迎えるときの希望を、意思が伝えられない状態になる前にあらかじめ医療従事者や介護者と方針を共有しておくというものです。

「人生会議」は当事者が信頼できる人、これは家族以外でもよいのですが、その人とどのような終末を迎えたいかを話し合い、そのことを家族親族など周知が必要な人にも伝えることがポイントです。

看取りの後には相続の問題もありますから、揉め事のないよう、後味の悪いものにならないように元気なうちから自分の終末のことを考え、家族間でも話し合い、いざというときにその話し合った結果を医療従事者や介護者に伝えることで後悔のない介護と看取りを実現させることができるのです。

事前に本人が望む最期の迎え方を聞いておけば、本人が意思を伝えられなくなっても、本人の希望をかなえてあげることができますし、家族はセンシティブな問題で悩むことから解放されます。「人生会議」にはこうしたメリットがあります。

私がおすすめするのは、このようないわば介護版「人生会議」です。そろそろ介護のことを考えようかなと思ったときに、ぜひ実践してみてはいかがでしょうか。

突然に介護状態になっても、どういう介護を望むのかの道筋が明確なので、慌てることなく自分たちの意思を反映させた介護と終末期の過ごし方や看取りまでを作り上げることができると思います。

また「人生会議」は繰り返し行うことが大切です。介護の状態も終末に向けて当然変化は起こるもの。半年前にできていたことが、今はできないとなれば、こと切れるまでの生き方に対する考え方が変わるのは当然です。丁寧に節目節目で意思を確認し家族でも共有しておくことが大切ですね。

在宅介護の限界

認知症がすすんで独りで生活することが難しくなった。ダブルケアで介護者の心身の健康状態が耐えられなくなってきた。部屋の構造上、車椅子の対応ができない……。高齢者施設への入居を考え始めるきっかけはさまざまです。

老老介護で共倒れになる場合もあるので、体力的な負担軽減、生活の質の維持などのために、高齢者施設に入居してもらうことは決して悪いことではありません。

選択する際の優先順位としては経済的なことを考慮することが第一なのかもしれませんが、考えておくこととして一つお伝えしたいのは、所謂《いわゆる》、ワンオペで介護をしている人。例えば一人っ子であったり子どもがいない夫婦であったり、そういった人たちにとって在宅介護から施設介護へ移行する将来を見据えておくことは重要なことだと思います。

在宅でワンオペ介護をして上手く回せていられるのは、介護者が健康であるという前提ありきです。もし、介護者が緊急搬送されるような状態になったら、どうなるのでしょう。搬送中の救急車の中でも、自分のことより介護のことを考えているかもしれません。

安心して入院し、回復して退院すれば、また会えるのですから、施設介護への移行時期やもしものときの手段も検討しておくことの一つだと思います。先ずは自分の人生。自分の健康を優先することは大切なことです。介護される人にとっても頼りになる大切な人を失いたくはないのですから。

入居型高齢者施設の誤解を解く

入居型高齢者施設といってもさまざまです。介護保険直下にある特別養護老人ホームから認知症の人たち向けのグループホーム、サービス付き高齢者住宅（サ高住）、有料老人ホームなど、住まいを変えるという点では共通していますが、高齢者施設（以下ホーム）選びに関連して一つ言い足しておきます。

大切な家族をホームに入居させるのは、住み慣れた家から追い出すようで、可哀想と心の奥で思っていませんか。

しかし、ホームに入居すれば二四時間プロが世話をしてくれるし、栄養バランスのとれた食事が提供されるので、入居する本人にはメリットがあります。家族にとってもプロの手に生活を委ねているので安心ですし、介護の肉体的な疲れから解放されるというメリットがあります。

そうしたメリットがあっても、ホームでの生活は食べて寝るだけで味気ないというイメージがあり、それが本人と家族にとって入居をためらうマイナス要因になっているようです。

しかし、そのイメージは昔のホームのイメージです。コロナによって制限はされてしまいましたが、現在のホームは入居者の生活の場という視点でさまざまなサービスが提供されていて、タイプもさまざまです。

私の場合を紹介しておきます。私の叔母と叔父は在宅介護が難しくなり有料老人ホームに入居。二人とも車椅子生活でしたが、たまに職員さんと居酒屋ツアーに参加したり夕飯には熱燗やビールなどを付けてもらうこともありました。私が昼食時に訪問するときはワインを一本持参し一緒にランチをとることもありました。

お酒の話ばかりになりましたが、高齢者施設に入居するとお酒も飲めない、好きなこともできない、プライベートな空間がないと思いがちではないでしょうか。体調が悪化すれば救急車の手配は当然ですが、将棋の相手もいるし、社会情勢談義をする相手もいる。最終的には一人で息を引き取ることなく職員に看取られながら旅立つこともできる。

つまり、ホームは病院ではなく「生活の場」。まさしくホーム。家の延長という観点で入居先を選べれば、介護される側、介護する側双方にとって納得がいく最期を迎えることができる生き方の選択になるのではないでしょうか。

ちなみに私の母は、現在、特別養護老人ホームに入居してますが、夏祭りなどのイベント時には生ビールを堪能しています。

介護は家族の生活もガラリと変える

介護が始まると、介護される人の生活は一変します。洗面、着替え、食事、トイレ、入浴など、昨日まで自分一人でできていたことが、人の力を借りないとできなくなったり、二倍も三倍も時間がかかるようになります。買い物にも行けない、散歩にも出られない、友人にも会えないなど、気軽に気分転換をすることも難しくなります。

かと言って、一日中家の中でテレビを見たり新聞や本を読んで時間をつぶすわけにもいかず、思うに任せない生活でストレスはたまる一方です。

このように介護が始まると介護される人の生活は一変しますが、介護をする人も介護という役目が生活の中に新たに加わるので、その生活は大きく変わります。

例えば仕事を持っている人なら、遠距離介護だろうが同居介護だろうが、介護にあてる時間を捻出するために勤務時間をシフトさせたり、休日を介護にあてたり、仕事を持っていない場合であっても、自分の日課や家事の段取りを工夫する必要が生まれます。

休日の趣味の時間や睡眠時間を削らなければならなくなり、慣れない介護生活で心も体も疲れ切ってしまうかもしれません。

さらに言うと、介護をする人の生活が大きく変わるので、一緒に生活している家族全員の生活にも変化が生じるとも考えられます。

もし家族の誰かが要介護状態になったら、当事者の生活だけでなく、介護をする自分の生活も、家族の生活も一変する。介護とはそういうものだということを覚悟しておく。ただし、その変化を我慢という受け入れではなく協力し合い工夫して、介護はチームビルディングだということを家族で認識すれば、家族の絆が強まるという副産物が得られるかもしれません。

持つべきものは「介護友だち」

子育て中のママ同士が、公園や幼稚園で知り合って友だちになる。「ママ友」という言葉はすっかり社会に定着しました。

ママ友といっても人間同士のことなのでトラブルが起きる場合もあります。それでもママ友が社会に定着したのは、ママ友を持つことに大きなメリットがあるからだと思います。

ママ友を作ると、

・育児の悩みを相談できる。
・育児の意見やアドバイスを聞ける。
・地域の子育て情報や保育園、幼稚園、小学校などに関する情報が聞ける。
・会話したり遊びに行ったりすることで、育児のストレスを発散できる。

など、いくつものメリットが考えられます。

この「育児の悩み」「育児の意見やアドバイス」「育児情報」の「育児」を「介護」に置き換えると、「介護友だち」を持つことにも大きなメリットがあると思います。

例えば、介護に専念していると「本当にこのやり方がいいのだろうか」「もっといい方法があるのではないか」と不安になることがあります。また、介護を始めると何かと時間を取られるので、思うようにストレスを発散できなくなりイライラを溜め込んでしまいがちになります。

そんなときに介護の大変さに共感してくれる「介護友だち」がいると、その人との会話の中から体験に基づいた「いい方法」やヒントを発見できるかもしれません。

私の相談者のMさんの例を紹介します。

Mさんの母親は九六歳。軽度の認知症で、すでに台所仕事はできない状態です。しかし、母親は「何か手伝えることはないか」と食事の支度のたびに言うのでうるさくてたまりません。それがMさんのイライラの種でした。

これを介護友だちに話したそうです。するとその介護友だちは、「うちではサヤエンドウの筋取りやホウレン草の胡麻和《ごまあ》えの和えるところだけをやってもらっている」と話してくれたそうです。

Mさんはいいヒントを得たと、その後、実際に胡麻を和えるところだけを母親に頼んだそうです。すると母親は、自分も料理に参加しているという満足感を得たのでしょう。おぼつかない手で一生懸命に胡麻和えを作ったのだそうです。

人には承認欲求があり、他者から自分は必要な存在と認められたとき、大きな喜びを感じます。その日の夕食は、母親の機嫌もよく、いつもより楽しかったそうです。

知人に介護友だちがいたからこそ、介護生活を潤すちょっとしたヒントを得られた、というわけです。持つべきは介護友だち、「介とも」です。

「介とも」と気持ちを分かち合う

「介とも」は介護という同じキーワードのもとさまざまな経験をしているので、介護の専門用語なども共通して知っています。

例えば、同じ系統のアイドルの推し活仲間同士の会話は知らない人が聞くと理解できないことが間々ありますが、当事者同士は大いに盛り上がる。介護も同じです。要介護者を推しのアイドルとすれば、その推し活の中で起こるさまざまな出来事はマイナス感情は多いものの、話してみれば大いに盛り上がるものもあるのです。当然ストレス解消効果も期待できるし共感性もあれば安心感も得られます。

まだ認知症を痴呆症と呼んでいた時代は、家族が認知症になると、それを恥ずかしいこととして隠すような一面がありました。
しかし、時代は変わりました。がんを告知された人が「自分はがんサバイバーである」と周囲に積極的に知ってもらうように、認知症になったり介護が必要になったりすることは決して恥ずかしいことではありません。むしろ周囲に正確に状況を伝えて、それを理解してもらっておくほうが多くのメリットがある時代に変わりました。

人間には不安や悩みなどのマイナス感情を口に出すことでその苦痛が緩和されて安心感を得られる面があります。いわゆる「カタルシス効果」というものです。

じっと耐えながら介護を続けるのは美談かもしれませんが、同じ境遇にある「介とも」に介護の悩みや気持ちを話し、その大変さを分かち合うことは心の健康のために十分に意味のあることです。

笑顔で介護を続けながら自分らしく生きていくためにも、ぜひ信頼できる

「介とも」のような「なんでも話せる仲間」を持ってほしいと思います。

「介護がつらい……」とならないために

子どもを育てる、新入社員を一人前にするなど、人の世話をするのは体力と根気を要する大変な仕事です。体力的な大変さは十分な休養を取れば何とか散らすことができますが、精神的な大変さを解消するのはなかなかむつかしいことです。

在宅介護では、要介護者の状態によっては二四時間、気を抜くことができず、その期間が数年にわたってくれば、自分の体力も年齢相応におとろえていくわけで、その大変さは子育て以上かもしれません。

気の抜けない日々が続けば、当然、疲労が蓄積します。施設への入居ができない介護難民や老老介護がもとで一家心中などの事件に発展する場合がありますが、それらに共通している原因の多くは「介護疲れ」です。

最悪の事態を招かないためにも、「介護がつらい」となる前に「介護疲れ」を解消することが重要です。

では、介護する人が「介護疲れ」を蓄積させず、コンディションを整えておくためにはどうすればいいのでしょうか。

私はつまるところ、「質のよい睡眠」と「介護から離れる時間の確保」がポイントだと思います。要は、しっかりと時間管理をして、十分な睡眠時間と、数時間でもよいので介護から離れてリフレッシュする時間を確保することです。

質のよい睡眠とリフレッシュは、じつは不即不離で、うまくリフレッシュできていれば、よい睡眠をとることができます。

うまくリフレッシュできないと、常に介護のことが頭の片隅にあり、寝つきは悪くなり、睡眠も浅くなります。睡眠が浅いと疲れが蓄積し、挙句「介護がつらい」ということになってしまします。

メンタルダウンしてしまったビジネスパーソンたちは、ほとんど例外なく睡眠の問題を抱えています。二四時間、仕事のことが気になったり、人間関係の悩みが頭から離れず、それが睡眠を妨げてしまうのです。

介護についてもこれとまったく同じことが言えます。介護のことが頭から離れず、それが睡眠を妨げ、今日の疲れを明日に残してしまうのです。

よい介護をするためには、介護をする人が万全なコンディションでいなければなりません。

そのためにも時間を管理し、十分な睡眠時間、数時間でもよいので介護を忘れてリセットする時間を確保する工夫が必要です。

介護保険サービスなどを上手に使いこなしてレスパイトケアをしてください。

レスパイトケアとは、在宅介護を支える家族が介護から一時的に離れ、リフレッシュすることです。

よい介護をすることは大切なことですが、自分の人生も大切です。自分がつぶれてしまわないためにもしっかり自分の時間を作り出す工夫を介護計画にぜひ組み込んでください。

介護の経験をすると時間の使い方や時間の経過を改めて見つめなおすことになります。介護経験は、限りある時間の中をどう生きるのか、自分の生き方の充実にきっと役に立つと思います。

地域包括支援センターをフル活用する

両親は田舎で生活、子どもは都会で生活というケースは珍しくなく、介護適齢期の人には悩みの種です。

両親とも元気ならば介護はまだ先のことかもしれませんが、年を重ねれば確実に弱っていき、何が起こっても不思議ではありません。体の衰えだけでなく、子どもが遠く離れて暮らしている場合、昨今頻発する特殊詐欺など、心配の種はつきません。

そのようなとき、地域包括支援センターの力を借りて、定期的に親の様子を見てもらうと心配事が減らせます。

地域包括支援センターは、介護保険の相談をはじめ介護予防プランの作成など、介護関係の業務だけを行っているように思われがちですが、ほかにも権利擁護、生活習慣の改善アドバイスなどの業務があり、電話でも家庭訪問でも相談を受け付けてくれます。

都会にいる子どもが、親が生活する地域包括支援センターに事情を説明し、親にも困ったときには地域包括支援センターに連絡するように言い聞かせておけば、適切な支援を受けることができます。

遠距離介護で親を見守る親子のケースを紹介します。田舎で一人暮らしの父親は初期の認知症で要支援1。その父親が、未精算のままスーパーを出てしまった。離れて生活する子どもに警察から万引きの連絡が入ると、子どもは直ぐに地域包括支援センターに「仕事が終わり次第そちらに向かう」と連絡。地域包括支援センターの職員が、子どもが駆け付けるまでのケアをしてくれたとのことです。

これは子どもが事前に地域包括支援センターに事情を説明し、もしものときに父親の支援をお願いしていたのでできたことです。

各市町村には社会福祉協議会や民生委員など住民の福祉に対する支援活動を目的とした機関がありますが、地域包括支援センターは市町村が設置主体で、その主な業務は先に挙げた介護予防プランの作成、権利擁護など、包括的・継続的ケアマネジメント支援で、制度横断的な連携ネットワークを構築しています。文字通り「包括的な支援」をしてくれる機関です。

親と子どもが離れて生活している場合、地域包括支援センターのフル活用は、親と子双方の安心につながります。

なぜデイサービスに行きたくないのか

子どもたちが要支援や要介護の認定を受けた高齢の親にデイサービスをすすめると、自分自身が高齢であることは棚に上げて、口をそろえて「爺さん婆さんばかりがいるところには行きたくない」と言います。そこまではっきり言わなくても、「体の調子が悪い」「自分の趣味に合わない」など、何やかやと理由をつけて行きたがらないものです。

なぜ行きたがらないのかというと、施設に来ている老人たちに自分を重ねて、「行く末」あるいは「なれの果て」を見てしまうからという本心があるのだと思います。

その逆のパターンもあるかもしれません。例えば定年を迎えるころ、高校の同窓会に参加すると、若々しい美魔女のような女性がいたりする。それに引き換え私は……という気持ちになります。

やはり年をとっても「見た目」は大切で、デイサービスに溌剌《はつらつ》とした超お爺さん、超お婆さんがいると、ビジュアル的な負けを思い知らされる。それが嫌で「デイサービスには行かない」ということもあるでしょう。

性別を問わずこういう心理はあるもので、その心理を理解せず、「何が何でも絶対に行け」では可哀想です。

デイサービスに通ってもらうテクニックとして、得意なことを生かせる施設を見つけるのは効果的な手段の一つです。マージャンが強ければマージャンのクラブがある施設、歌が得意ならカラオケ、手先が器用なら手芸……という具合に、何でもいいので自慢の腕を披露できる場と感じてもらう。あるいはカルチャーセンター的に思ってもらえば、ダンスが好きだった人にとっては、元劇団のダンサーがトレーナーになってダンスの体操をしているデイサービスでは、むしろ通うのが楽しくなるでしょう。

ほかにも、前もってデイサービスの相談員に積極的に話しかけてもらうようにお願いした後で見学に行き、新しいコミュニケーションの場であることを体験してもらうのも一つの方法です。

たいていの施設は必ず頻繁に利用者に声をかけます。その人の気分が上がるキーワードや自慢話が拾えれば、何度も何度も話題にしてくれます。学校の先生をしていた利用者には「〇〇先生」と呼びかけると、たちまち上機嫌になると聞いたこともあります。自慢のグレーヘアをほめてもらうのが嬉しくて通うようになった例もあります。

ちょっとした工夫で積極的に通うように意識が変わるケースは数多くあるので、施設にキーワードや自慢話を伝えておくのも、喜んで通ってもらうようになる効果的な作戦です。

そして、何より介護する側の意識も変えていきましょう。デイサービスに親が拒否する原因となるようなマイナスイメージを、介護する側も持っていませんか。マイナスイメージを持ったままだと、いくら言葉巧みにすすめたところで拒否感が強くなるかもしれません。家族間の以心伝心力はあなどれませんから。

ヘルパーさんを受け入れてもらうときのポイント

ヘルパーさん（訪問介護員）の主な仕事は、介護が必要な人がいるお宅を訪問して、食事、排泄、入浴などの介助といった「身体介護」と、部屋の掃除や洗濯、買い物などの身の回りのことをサポートする「生活援助」です。ヘルパーさんは、文字通り要介護者の生活を手助けしてくれる存在なので、介護する側にとっても負担が減り、心強い味方です。

ところが要介護者の中には、ヘルパーさんの力を借りることを歓迎しない人がいます。ヘルパーさんを拒む背景には、「自分のテリトリー」を侵されたくないという心理があると思います。

自分が元気なころから家政婦さんを頼んでいたような人ならヘルパーさんの手助けを抵抗なく受け入れるでしょうし、介護する側は肉体的な負担が減るので大歓迎だと思います。

しかし介護される側にしてみれば、見ず知らずの人が自宅に入ってきて、寝室やトイレ、ダイニングやキッチンに出入りするのですから、「自分のテリトリー」が侵されたという心理が働くのは無理もないことです。

ヘルパーさんに身体介護、生活支援を依頼するときには、要介護者にこうした心理が働く場合があることを意識し、要介護者と介護者両方にメリットのあることを理解してもらうのがポイントです。

ヘルパーさんに慣れてもらうには、新品の靴が自分の足にフィットしていく、あのイメージでいきましょう。無理やり最初から長時間利用したら靴ずれを起こしやすいので、少しずつ慣らせば、やがて自然にフィットしたものになります。あきらめず、少しずつの理解と実感です。

会話が衰えをスピードダウンさせる

ヘルパーさんに身体介護や生活援助をしてもらうと、介護の負担が減るだけではなく、ほかのメリットが生まれることがあります。

ヘルパーさんは無言で身体介護や生活援助をするわけではありません。会話をしながら介護や援助をします。

例えば、今日の天気の話、季節が変わったことなど、外の様子を話します。すると、そこに家族以外との新しいコミュニケーションが生まれます。

とくに若いヘルパーさんだと、まるで自分の孫と話しているような気分になるのでしょう、「○○ちゃん」と名前で呼びかけ、どこの学校を卒業したのか、出身地はどこなのか、自分から積極的に話しかけて会話を楽しむ人もいます。

そういう会話が楽しみになり、最初はヘルパーさんに抵抗を感じていた人が、逆に「来るのが待ち遠しい」となるケースは珍しいことではありません。

一日中一人でベッドの上で暮らす、あるいは外出する機会がほとんどない要介護者は刺激が少なく、衰えがスピードアップします。他人であるヘルパーさんだからこそ、慣れきっている家族とは違った会話は脳への刺激になり、会話能力を落とさない訓練にもなります。ヘルパーさんもその点は心得ているので、積極的に話しかけてくれます。

ヘルパーさんを利用するのは介護負担を減らすためだけでなく、衰えのスピードダウンも期待できるのです。

家族間の「情報更新」をしておく

ヘルパーさんやデイサービスの利用を受け入れてもらうとき、本人の心が動くキーワードや性格、好み、得意なことなどの情報を伝えておくとよいと言いましたが、要介護者が躊躇してあまり語りたがらない場面では家族がそれを伝えることになります。

例えばケアマネジャーに、「父はこういうことが好きです」「母はこういうタイプです」と伝えておけば、利用者に合ったデイサービスを探してくれるでしょう。しかし、その伝えた情報は正しいでしょうか。

同じ家に暮らしていても、顔を合わす時間がほとんどなく、日中どのような生活をしているのかも知らないというのでは、伝えるべき「情報」はゼロと同じです。

親は田舎、自分は都会で、夏休みと正月しか親の生活ぶりを見るチャンスがなく、「最近の親の日常」をまったく知らないという場合もあると思います。意外な趣味を持っていて熱中していたのを後で知ったというような話はよくあることです。

家族であっても大人になるとまめに情報交換をしなくなります。年に一度くらいはコミュニケーションをとる場で情報の更新をしておくと新たなキーワードの発見につながるかもしれません。

要介護者が喜び、前向きに受け入れてくれる介護をするためにも「情報更新」をしておきましょう。

ヘルパーさんとの会話が弾む小道具を用意する

介護従事者には「ほめ上手」が多くいます。とにかく「ほめて、ほめて、ほめまくる」と言ってもいいくらいです。

例えば入浴の介助のヘルパーさんは、入浴を終えた後に「○○さんの白髪はきれいですねえ。こんな人はじめてです」とほめます。ほめられれば嬉しいので、入浴が楽しみになるという具合です。

介護従事者にとって、「ほめポイント」を探すのも仕事のうちなのだと思います。

要は、話題を見つけ、それをほめることで利用者とのコミュニケーションを円滑にしているわけです。

私の母の介護体験を紹介しましょう。母が脳の言語野が傷つきコミュニケーションが取りづらくなってきたとき、私はわざわざ子どもが履くようなかわいい靴下を買ったことがあります。靴下を履いて左右の足を合わせると、クマの顔の形になる、そういうタイプのものです。

ヘルパーさんは靴下を履くのも手伝ってくれますが、ヘルパーさん自身もかわいいと思ってくれたようで、素直に「かわいい！」と言ってくれました。わざとらしさがなく、本音で言ってくれた「かわいい！」の一言は母の心を動かしました。その後、自然と楽しい会話につながったことはご想像いただけると思います。

「小道具」がきっかけとなって、利用者とヘルパーさんの距離を縮められることがあります。子どものお弁当にキャラ弁を作るような感覚です。本人も嬉しいし周りとの会話の話題になるのです。

本人の介護が円滑にいくためには、利用できそうな小道具は片っ端から使ってみる。こうした工夫と想像力も介護が与えてくれるスキルです。

スパルタ的介護のすすめ

介護をしていると、時間がかかったりできないことに目がいき、ついつい大きな声を出してしまいます。しかし、そこは目をつぶって我慢です。

逆に、ちょっとでも何かができたときには「すごい！」「できたじゃない！」、お願いしたことをやってもらえば「ありがとう」「お疲れさま」と認めてあげる。このほうがお互いのストレスが減っていきます。

子ども扱いや小ばかにしたようなわざとらしいものではなく、素直にできたことをほめたり、労《ねぎら》うことはコミュニケーションスキルとして大切なことです。しかし、大人になった家族関係の中では案外ないがしろにしていることかもしれません。

体が衰え記憶もあやふやになっていても、やはり何かの役に立ちたいと思う気持ちは誰でも持っているので、認められるのは嬉しいことなのです。

人間は最後の最後まで役割を欲しがるものです。ですから、危ないからといって刃物を持たせない、割れ物を持たせない、ガスコンロを使わせないなど、何でもかんでも取り上げてしまうのはどうしたものかと思います。

最近の介護施設はしっかり見守りをして、自分でできることはある程度自分でさせるようにしています。利用者にとってよい施設と悪い施設の違いはこういう点かもしれません。

自宅での介護でも、何もかも介護者がやってあげる必要はなく、できる限り自分でやらせるほうが、「小さな本人の尊厳」を守ることになり、体力や機能の維持にもつながると思います。

私の介護は「スパルタ介護」だったので、母が階段を降りられず往生していても、「頑張れ」としか言いませんでした。「頑張って自分で降りてきて！」と言うと、手すりにつかまってお尻で階段を降りてきます。これによって手の筋力、広背筋などは鍛えられるわけです。

もしそこで手を貸してしまうと、そこで終わりです。自分でできる力は最後まで取っておいてあげる。そのほうが自立性を維持できると思います。

高齢になると、男性でもペットボトルのキャップが開けられなくなります。醤油やソースのボトルを絞るのも一仕事になります。

それを見かねて直ぐに手を貸してしまうのは「先走り」です。それよりも「自分で好きなようにかけなさい」と言って突き放す。そうするほうが、「できることを減らさない生活」につながります。先走って手を貸す、頑張れと言って見守る。どちらが本人のためでしょうか。

他所《よそ》の人が見ると冷たいと感じるかもしれませんが、しっかり見守っていれば、ある程度スパルタ的な介護のほうが、本人のためだと思うのです。見守ることも立派な介護なのですから。

結局、介護は耐える力

「フレイル」という言葉があります。厚生労働省では「要介護状態に至る前段階」と位置づけ、「身体的脆弱性のみならず精神心理的脆弱性や社会的脆弱性などの多面的な問題を抱えやすく、自立障害や死亡を含む健康障害を招きやすいハイリスク状態」と定義しています。

簡単に言い換えると、健康な状態と要介護状態の中間、身体的機能や認知機能の低下が見られる状態のことです。

介護が必要になり、人の力を借りないと日常生活が難しくなったからといって、何でもかでも力を貸してしまうのは、このフレイル状態になることを促進するようなものです。

例えば食事で、なかなか飲みこめないからといって、ご飯をお粥にして、おかずはすりつぶしてペースト状にする。これは一見親切そうに見えますが、本人の健康には逆効果です。

ペースト状の食べ物ばかり提供していると噛む力が弱まるだけでなく、咀嚼回数が減ってしまいます。咀嚼回数が減ると脳への血流が減り、挙句、認知症や老化が加速する原因になります。親切心があだになる好例です。

介護で注目してほしいのは、力を貸して助けてあげることではなく、極力自分でできることを減らさないということです。

高齢になれば力も弱まり、動作も遅くなります。家族はイライラして腹立たしくなるでしょうが、本当の親思いに必要なのは、遅い動作を我慢して付き合う忍耐力です。

認知症になると、何度も何度も同じことを繰り返して言います。その人にとっては意味のあることなので繰り返すのですが、それを聞かされるほうは辟易します。

しかし、それにいちいち腹を立てても詮ないことです。なぜなら、怒っても叱っても、同じことを繰り返すからです。結局、「介護は耐える力」。これにつきます。

三世代同居が当たり前の時代のお嫁さんは、舅、姑、場合によっては小姑まで、その口うるささに耐えなければならなかった。それに耐えた人が良妻賢母と言われたのでしょう。

男の人でも幼いころに家を出て、丁稚奉公で鍛えられる。そこで忍耐力が鍛えられた時代がありました。

しかし、今は耐える場面が少ない時代です。耐える力は日常の中で鍛えられるもので、お金を出してセミナーで学べるようなものではありません。ですから、昔に比べて社会全体の忍耐力は圧倒的に落ちていると思います。

介護は忍耐です。早く動けない高齢者のスピードに耐える、同じことを繰り返し聞かされる時間に耐えるわけですから、介護者に自然に忍耐力が養われるのは当たり前なのです。

第３章

介護版「人生会議（ＡＣＰ）」のすすめ

納得のいく介護と人生完成のために

「介護なんて先のこと」と棚上げしない

健康でいるうちは、自分が病気になったときのことなど想像できません。病気になってはじめて健康のありがたさに気づき、日常の生活を見直し、健康管理に努力するようになります。

介護も同じようなところがあり、若くて元気なうちは、自分が高齢になって生活に支障が出た場合、誰かの助けを借りなければならなくなることなど想像できません。

しかし、介護が病気と違うところは、誰でも確実に年をとり、年をとるとともに生活能力が低下し、やがては誰かの助けが必要になるという点です。

平均寿命が延び続けている現在、介護が必要になる確率は高まるばかりです。たとえ「ピンピンコロリ」で死んだとしても、死後の事務手続きは誰かに託すしかありません。物理的な意味では人は一人で死んでいくといえますが、その後のことを考えれば人は決して一人では死ねません。

こうした事務手続きも介護のうちと考えれば、実際に介護を受けるようになったときから死後のことまで考えておかなくてはいけないのです。

今は介護を受けるようになることなど想像もできないかもしれませんが、「まだ先のこと」と介護について考えておくことを棚上げしないでほしいと思います。

将来、自分が納得できる介護を受けるためにも、大事な家族にできるだけ迷惑をかけないためにも、介護から人生の最期の迎え方まで綿密に考えておいてほしいと思います。

いつか始まる介護生活の前に「人生会議」を

では、突然に始まった介護生活でも、前向きな妥協をベースにしつつ、最初から要介護者も介護者も納得できる、自分たちにフィットした介護計画を作るにはどうすればよいのでしょうか。

私がおすすめしているのは、前にも述べた介護版の「人生会議」を元気なときにしておく。要するに、考える力や意識がしっかりしているときに「人生会議」をしておくことが大切です。

もともと「人生会議」は人生の最終段階における終末医療やケアについて、本人が前もって家族や医療従事者、ケアチームなどと繰り返し話し合い、最期の迎え方を共有しておこうという取り組みです。厚生労働省が提唱しており、自分の人生を自分らしく締め括るための大きなポイントになります。

しかし一方では、「まだ元気なのに」「死ぬときのことを決めておくなんて縁起でもない」という人が多く、残念ながら実際に行動に移す人は少なく、十分に浸透しているとは言えない実情です。

今述べたように本来の「人生会議」は、人生の終末期に焦点を当てています。しかし、介護にもこの「人生会議」の手法を取り入れると、最初からある程度まで納得のいく介護生活のスタートをきることができるのではないかと思います。

当然、経験してみてはじめてわかることもたくさんあるので、その都度修正は必要ですが、終末期までの設計図のたたき台（青写真）のあるなしで、その後のプロセスや結果に大きな違いが出てくるのではないでしょうか。

例えば親が寝たきりになってしまったとき、施設入居を望むのか、それとも自宅で過ごしたいのか。ショートステイは利用したいのか。デイサービスには行きたいのか行きたくないのか。行きたいとして週に何回行きたいのか。介護ヘルパーには何と何を頼みたいのか。また、子どもが仕事を持っているなら、時間的体力的にできることとできないことを話し合う。さらに言えば、経済的にできることとできないこと、そして看取りのことも話し合う……。

このように介護生活になったときをリアルに想定した「人生会議」で家族が話し合い、「どうするか」を事細かく決めておくのです。

人はやがて死を迎えるのですから、その準備段階として介護や医療の受け方を想定しておくことは、自分らしく最後まで生きるための大切なプロセスになるのです。

介護期間は人によって長さが異なります。一〇年以上にわたる人、介護認定を受けてから残念ながら一か月で亡くなる人もいます。

「人生会議」を行っておけば、介護生活の期間にかかわらず、ケアマネジャーに今後のプロセスも含んだ希望を明確に伝えることができます。それを基に介護計画の作成を依頼すれば、最初から要介護者も介護者も納得のいく形で介護をスタートできる可能性が格段に高くなるというわけです。

介護生活は、介護保険の利用者が要介護者なので、ケアマネジャーはどうしても要介護者中心の介護計画を作りがちです。

しかし、介護者に負担がかかりすぎるような計画では、介護者に疲れが蓄積し、やがてストレスをため込み、介護生活そのものが長続きしないでしょう。介護の主役は要介護者と介護者です。事前に「人生会議」を行って介護での要望を明確にしておくことは、要介護者と介護者双方が納得できる介護計画を作る近道になると思います。

エンディングノートの落とし穴

二〇一〇年ごろ、「終活」という言葉が流行しました。その終活という言葉が一般的になったとき、自分の最期のあり方、自分が死んでしまった後のことを記しておく「エンディングノート」も流行し、今でも書き記している人は少なくないと思います。

自分の最期のあり方や死んでしまった後のことを考え、記録しておくという点で、エンディングノートと「人生会議」には共通点があります。しかし私はエンディングノートに物足りなさを感じています。

エンディングノートのどこに物足りなさを感じるのかというと、開示性の低さです。人は一人で生きてはいません。単身であっても、誰かと関わり合いながら生きています。エンディングノートには死後の自分の希望が描かれているわけですが、その希望を満たしてくれる人の了解を得ているのかどうかは大きな問題です。

性善説で、「この人ならやってくれると思う」を前提に書かれていても、その希望を託された人が負担を感じたらどうでしょうか。

言葉を選ばずにいえば、エンディングノートは「自分の都合優先」で書かれている場合が多いのではないかと思います。

やはり自分の希望を誰かに託すなら、その人の了解を得ておく必要があると思います。

その点、「人生会議」では、「この場合は誰に何をしてもらう」というところまで、介護される人と介護する人が話し合って、お互いに了解しながら一つひとつを決めていきます。

つまり「人生会議」には、そもそも秘匿性がなく、介護される人と介護する人が認識を共有しています。ここがエンディングノートとの大きな違いです。「人生会議」とエンディングノート、どちらが残された人たちの精神的な負担を軽減することになるかは、改めて言うまでもないでしょう。

介護版「人生会議」のやり方

では、介護版の「人生会議」はどのように行えばよいのでしょうか。

「自分が衰えたときのことを想像するのは面白くない」という人もいるでしょうし、「人生会議」を行う意思はあっても、世話をしてくれる介護者に遠慮をして要介護者が本音を話さないことも考えられます。

また、いくら家族や親族であっても聞きにくいこともあるでしょうし、聞き方によっては要介護者になる本人が心を閉ざしてしまい、本音を聞き出せない場合もあります。

厚生労働省のホームページでは、「人生会議」のやり方を三つのステップで紹介しています。

各ステップは、

・一つ目は「本人が大切にしていることは何かを考える」
・二つ目は「信頼できる人は誰か考えてみる」
・三つ目は「話し合いの内容を医療・介護従事者に伝えておく」

となっています。

これは終末期を迎えたときを想定した「人生会議」のやり方なので、介護における「人生会議」にそのまま当てはめるわけにはいきません。これになぞらえて、いわば介護版「人生会議」のステップを考えると、

・一つ目は「本人が大切にしていることは何かを考える」
・二つ目は「信頼でき、介護の相談ができる人を決めておく」
・三つ目は「希望する介護内容をまとめ、介護をする人や家族と共有しておく」

このように置き換えられると思います。

まず「本人が大切にしていること」を聞き出す

まず「本人が大切にしていることは何かを考える」ですが、例えば次のようなことが考えられます。

・介護状態になったとき誰と一緒に暮らしたいのか。
・自分の介護や終末医療のキーパソンになってくれる人は誰にしたいか。
・日常生活で自分でできることは自分でしたいか。
・介護施設を利用したいのかどうか。
・趣味や仕事を続けたいのかどうか。
・自分の財産をどの程度自分の介護や終末医療に使いたいか。

このほかにも要介護者が大切にしたいことはいろいろあると思います。できるだけリアルにさまざまな場面を想定して、多くの「大切にしていること」を抽出し、それら一つひとつについて「どうしたいのか」を聞き出し、話し合っておくことが重要です。

要介護者が信頼できる人を決める

民法八七七条の第1項には、「直系血族および兄弟姉妹は、互いに扶養をする義務がある」と記されています。

直系血族とは祖父母、父母、子ども、孫などのことで、親の介護は特別の事情がないかぎり直系血族が介護をする可能性が高いことになります。

厚生労働省の「国民生活基礎調査の概況」（二〇一九年）でも、五割強の人が主な介護者は「同居の親族」と答えており、その内訳は配偶者が二三・八%、子どもが二〇・七%、子どもの配偶者が七・五%と続きます。

「別居の親族」よりも「同居の親族」を介護者にしたいと思うのは、同居のほうが介護しやすいという事情があるので、介護の主な担い手を「同居の親族」に選んでいるのだと思います。

しかし、子どもが親と離れて生活しており、介護が必要な親元に頻繁に帰れない状況で、しかも親の兄弟姉妹も高齢で介護ができないという場合もあると思います。そのときは直系の親族以外に介護をしてもらわなければいけません。高齢化と少子化がすすめば、こうしたケースが増えていくと思います。

したがって将来の介護を考える場合、直系親族の中に介護を頼める人がいる場合はともかく、親族以外の信頼できる人に介護をお願いする可能性がある人は、安心して介護を任せられる「信頼できる人」をリアルに決めておく必要があります。

それは甥や姪、場合によっては友人の場合もあると思います。そこまで範囲を広げる。そして、そのときの注意点は亡くなったあとのこと、費用の精算や相続のことなどもリアルに考えておくことが重要です。

家族構成や関係はその家ごとに違いますし、要介護者と介護者が同居しているとも限りません。要介護者の意向を踏まえ、本人と介護をする親族間でしっかり話し合って、誰が要介護になったら誰が介護者になるのかをあらかじめ決めておきましょう。

介護の希望を細かく具体的に記録しておく

どのような介護生活を送りたいか、「人生会議」で要介護者の希望の抽出が終わり、介護者も決まった。しかし、これで安心というわけにはいきません。

何をどうしたいのかを明確にしておかないと、いざ介護が始まったとき、要介護者の希望をあやふやに記憶していたのでは、ケアマネジャーに正確に伝えることはできませんし、介護者がどこまで介護にかかわれるかもしっかり伝えられません。

要介護者の希望が反映された納得できる介護計画を作るには、要介護者が望んでいる介護内容を具体的に記録しておくことが肝心です。

例えば、要介護者が自宅での介護を望んだとして、一人でできないことは入浴なのか、排泄なのか、両方なのか。それを家族に支援してほしいのか、ヘルパーさんを利用したいのか……という具合に、本人の希望を聞き出し、実施か否かを具体的に記録しておくのです。

また、介護レベルが高くなったとき、自宅介護から施設介護に変更するのか。介護施設は老人ホームなのか病院などの医療機関なのか、介護老人保健施設なのか……。どのような状態になったときに、どのような施設を利用したいのかまで優先順位をつけて聞き出しておけば、たとえ意思の疎通ができなくなっても、本人の希望に沿うことができます。

要介護者を施設に入居させる場合、本人の意思によって「こういう場合には施設に」と話し合って決めておけば、本人も納得し、介護者のほうも心の準備ができているので、精神的な負担をぐっと軽くすることができると思います。

要介護者が希望する介護の内容は、いろいろなケースごとに細かく具体的に記録しておく。これが要介護者にとっては希望にかなった介護計画になり、介護者にとっては迷いが少なく、精神的負担の軽減にもつながり、お互いに納得できる介護計画の作成につながると思います。

「人生会議」で本音を聞き出すには

介護版の「人生会議」では、本人が望まない介護状態になったときのことを聞き出し、話し合わなければなりません。

好んで介護生活を望む人はいないので、介護の希望を聞き出そうとしても、なかなか本音を聞き出すのは難しいものです。親子と言えども子どもに遠慮して、本音を話さない場合もあると思います。質問の仕方や話し方によっては、親が心を閉ざしてしまうこともあります。

また、初めての「人生会議」の場合は、どういう質問を準備すればよいかも悩みどころです。

そんなときに助けになるのが「もしバナゲーム」というカードゲームです。


前述したように、もともと「人生会議」は終末期を迎えた人が、本人が望む最期の迎え方を事前に話し合って決めておくことが目的です。

この「もしバナゲーム」は、いつかは必ずやってくる最期を想定しながら、「もしものための話し合い」をする、そのきっかけ作りとして、在宅ケアワーカーの医師が考案したゲームで、人生において大切にしている価値観や、自分自身のあり方について、元気なときにさまざまな気づきを得ることを目的としています。


「もしバナゲーム」は、話のきっかけ作りに役立つ三十数枚のカードを使って行います。

カードの中から、自分が大事にしたいことが書かれているカードを選び、さらに選んだカードに優先順位をつけます。そして、なぜそれを大事にしたいかを考えていきます。

すると、それまで漠然としていた「自分にとって大切なこと」が絞り込まれ、自分が望む最期の迎え方を徐々に明確にしていくことができるというゲームです。

そのカードは『もしバナゲーム』（ｉＡＣＰ）として市販されているので、誰でも入手可能です。

「もしバナゲーム」をやってみよう

市販されている『もしバナゲーム』のカードは、終末期の迎え方を話し合うことを目的にして作られているので、すべてのカードの言葉が介護向きというわけではありません。参考までにカードに書かれている言葉をいくつか紹介しておきます。

「家族と一緒に過ごす」
「機器につながれていない」
「家族の負担にならない」
「穏やかな気持ちにさせてくれる看護師がいる」
「私の気持ちを聴いてくれる人がいる」
「私が望む形で治療やケアをしてくれる」
「お金の問題を整理しておく」
「人との温かいつながりがある」
「清潔が維持される」
「不安がない」

このような言葉の中から、介護を受けるようになったら何を大事にしたいかを抽出すれば、介護版の「人生会議」で話を広げるきっかけ作りに応用できると思います。

例えば、親が「家族と一緒に過ごす」というカードを選んだら、その理由を話してもらいます。その理由を知れば、親の価値観の理解につながるでしょうし、価値観がわかればそれに沿った方法を提案することができるでしょう。

「もしバナゲーム」をすると、介護が必要になったときにどうしてほしいのかを深く話し合えるようになると思います。詳しいやり方や実際にやってみた感想がたくさんネットで紹介されていますので、介護版の「人生会議」を行う際の参考になると思います。要介護者の本音を聞き出しやすくなるでしょうし、介護で大切にしてあげたいポイントを明確にすることができると思います。

なんといっても日常生活の中で自分の価値観や死生観などを立ち止まって考えることなどしない人が多いのではないでしょうか。立ち止まり考えることは自分らしく生きることの礎を見つめることになります。

「人生会議」のポイントは「リアルに考える」こと

「（介護で）子どもに迷惑をかけたくない」「子どもの世話にはならない」と言う人がよくいます。

そう言う人を見ると、「リアルに考えて、ほんとうにその覚悟はありますか？」「まだ元気だから、そう言っているだけではないですか？」と、どれほど真剣にそう考えているのか尋ねてしまいたくなります。

私が言う「リアルに考える」というのは、「ほんとうに動けなくなったとき」に、「誰にどこまでやってもらうか」を真剣に考えているかという意味です。

ほんとうに動けなくなったときに、誰にどこまでやってもらうか。その場面をリアルに想像して、そのときにどうするか、あるいはどうしてほしいかを真剣に考えて準備しておくのが「人生会議」のポイントです。

リアルに考えると「決めておくこと」がはっきりする

「私はぽっくりいきそうだから、介護のことは考えない」と言う人もいます。たしかに「夕べまで元気だったのに、翌朝ぽっくり」という人はいますが、ほとんどの人はぽっくり死ぬことはできません。予期せぬ大事故に遭遇しても即死でなければ、誰かしらの世話になります。

仮に事故で即死したとしても、死亡診断書の提出、金融機関の口座の閉鎖、保険証の返還など、処理しなければならないさまざまな事務手続きがあります。それらも広い意味での介護と考えると、「リアルに考える」ことで決めておくべきことがたくさんあるとわかってきます。

「人生会議」では、どうしても終末医療になったときに延命するかどうかというポイントに関心が向かいがちです。

例えば、交通事故に遭った親がかろうじて人工呼吸器で延命しているとき、それにストップをかけるのは基本的に親族でないとできません。

しかし、親族の誰がその判断をするのかまで決めているのかどうか。こうしたドラマに出てくるような場面を実際に迎えたとき、親族間でトラブルになりがちなのは、「誰が」を明確に決めていないからです。

ある程度の年齢になったら介護に限らず、終末期を迎えたときにどうするかをリアルに考えて決めておくことは、自分の意思をとおす意味はもちろん、残された家族の精神的な負担を軽減するためにも重要なことなのです。

「死んでしまう場合」から遡ってみる

自分の意思が伝えられないような終末期、あるいは介護状態になったときに、自分はどうしてほしいのか、決めておくべきことは山ほどあります。

自分はこうしたい、自分はこうされることを望む……。これは頭も心も体も元気なうちでないと聞き出すこともできないし、話し合うこともできないのです。

「人生会議」のやり方はさまざまです。人の死亡率は一〇〇%、いつかは必ず死んでいきます。だから「死んでしまう場合」から遡ってやっていくのも一つの方法です。

「死に際してはこうしてほしい」という決断から始めて、そこから生き残った場合にどうするかをリアルに話し合って決めていく。それがそもそもの「人生会議」の目的です。

よく生きることは、よく死ぬこと

「人生会議」で最終的に考えをまとめておきたいことは、「自分の死に際をどうしてほしいか」です。この点を指摘すると、「縁起でもない」と、「人生会議」を否定的に捉える人がいます。

九八歳で亡くなった作家の宇野千代さんは、「よく生きることは、よく死ぬことでもある」という言葉を残しました。

私なりに解釈すると、生と死は不即不離の関係で、よく死ぬためには、よく生きなければならないと伝えたかったのだと思います。

その意味で、例えば親の最期のあり方を子どもが一緒に話し合って決めておくことは、親の死に至るまでの生き方をともに考えることであり、たとえ要介護になったとしても「親らしく生きる介護」をしてあげて、「親らしい人生」

を全うさせてあげることに通じると思います。

その意味で「人生会議」は、親の晩年を「よく生きてもらう」ことを真摯に考えることになると思います。

「人生会議」は要介護者のために行うものですが、ともに生き、ともに生活する家族や子どもたちのためのものでもあるのです。

親と子が「死ぬときどうするか」をフランクに話し合うことができるということは、しっかりとした信頼関係が築けている証しであり、素晴らしいことです。

その意味で「人生会議」は縁起の悪いことではなく、家族にとって「縁起のいいこと」なのです。

理想は「家族全員での人生会議」

年老いた親がいて、その介護をすることになる自分がいて、将来自分の介護をしてくれるだろう子どももいる。しかし、介護についての話し合いというと、どうしても「年老いた親の介護」となるのは当然かもしれません。

しかし、年老いた親の介護の話し合いは、親としては自分が弱ったときのことばかり考えさせられるので、決して愉快な時間ではないと思います。場合によっては「家庭内いじめ」にあっているように感じてしまうかもしれません。よかれと思って介護の話し合いをしているのに、これでは悲しすぎます。

では、そうならないようにするにはどうしたらよいのか。一つの方法は、親の介護はもちろん、自分が介護を受けるようになった場合どうするのか、さらに将来子どもが介護を受けるようになった場合どうするのかまで、「家族一人ひとりの介護」について話し合うことです。

家族全員が「それぞれの介護」について話し合う場を作れば、年老いた親をいじめるような雰囲気にはならないでしょうし、子どもにとっても生き方のよい勉強になると思います。

こうした「家族全員での人生会議」をすれば、介護は年老いた親に対して自分が取り組む問題ではなく、家族全員で取り組む問題という認識も生まれます。「家族全員での人生会議」、これがの理想形だと思います。

真剣な「人生会議」は家族観にまで行き着く

「人生会議」の目的は人生の締めくくりまでの生き方を決めておくことなので、極端な話、例えば夫婦関係や親子関係がぎくしゃくしている場合、「親族で揉める中では死にたくない」「家族以外の新たなパートナーに看取られたい」という場合もあるでしょう。

つまり真剣に「人生会議」に取り組むと、生き方だけではなく、「家族とは何か」を考えるところまで行き着きます。

家族と折り合いがよくない人は、家族以外に腹を割って話せる「信頼できる誰か」を作っておく。そうすることが、納得のいく形で人生の幕を閉じるためには必要かもしれません。

「おひとりさま」という言葉が定着するほど、男女とも単身者が増え、高齢単身者も珍しい存在ではなくなりました。そういう人の中にはシェアハウスを作っておきたいと考えている人がいるかもしれません。

仲のよい家族がいる人は家族と「人生会議」をすればいいし、家族がいても折り合いの悪い人や単身者は、自分が信頼できる人とすればいい。生き方は十人十色なので、誰と「人生会議」をするかも十人十色でいいと思います。

また、親の「人生会議」をしたのなら、自分の「人生会議」もしておく。そうして先々の心配をつぶしておくことが「よく生きる」ことにつながり、ひいては「よく死ぬこと」につながっていくと思います。

主役抜きの「人生会議」でもメリットはある

例えば、同居する家族の中に高齢の親がいたとします。「自分の身の回りのことは自分でできる」「介護なんて必要ない」と言っているとしても、今のところ元気だからそう言っていられるだけで、年々衰えていくのは本人がいちばん自覚しています。

家族に迷惑をかけたくないという思から、家のリフォームに前向きだった親が、「あと何年生きるかわからない」「お金がもったいない」とリフォームの意欲をなくしてしまう。そういうタイミングがあります。

衰えを自覚し、生きることに後ろ向きになってから、「では、人生会議をやりましょう」と水を向けても、積極的になってもらえるかどうか、大いに疑問です。

心が後ろ向きになっているということは、「よく生きる」ことへの意欲が薄れている証拠なので、自分の最期のあり方を考えなければならない「人生会議」に関心を示してはくれないでしょう。

だからこそ、本人の頭も心も体も元気なうちに、家族全員で「人生会議」をしておくことが大事なのです。

認知症の兆候があっても、まだ本人は自分の意思を話せます。まだ生きる意欲十分で、自分の最期のあり方を冷静に見つめることができるとき、それが「人生会議」のタイミングだと思います。

意外にも男性の高齢者のほうが、死に対する恐怖心を感じる人が多いようです。死ぬのが怖いと思っている人は、死に関する話題を避けようとするので、「人生会議なんて……」と拒否反応を示すかもしれません。

「人生会議」の主役となる本人が前向きに取り組もうとしないときは、本人抜きの家族だけで行ってもよいと思います。

主役抜きで勝手に決めるのは可哀想だという思いがあるかもしれませんが、大事な最期だからこそ「こうしてあげよう」と家族で話し合っておくことは、結局、親の尊厳を重視することにつながるからです。

主役抜きの、子どもたちを中心とする家族間で「人生会議」をするということ、結局、親の尊厳ある最期を考えることになるので、最期に直面しても慌てずにすみますし、家族間の意見の対立を事前につぶしておけるというメリットもあります。

主役がいなくても「人生会議」をしておくメリットはほかにもあります。例えば、親が生活していた家や土地をどうするか、預貯金をどうするかなどです。

親が存命中に遺産の話をするのは気が引けることかもしれません。しかし、親の死後に子どもたちが揉める原因は、まさにテレビのドラマにあるように、遺産分割がトップです。

家や土地は誰が相続するのか、あるいは売却するのか。遺産分割の割合は法律の規定に従うのか、親の介護をしたことを分割割合に反映させるのか……。後々揉めそうなところを事前につぶしておけます。

また、仮に父親が亡くなり母親が独居者になるとすれば、誰かが引き取るのか、生活をフォローするのか。子どもの誰かが引き取るとすれば、そのタイミングはいつか、子ども間の協力体制はどうするかなども話し合っておけます。

親が存命中だからこそ、子どもたちも冷静にこういうことまで話し合って決めておくことができますし、それとなく親の意見を聞いておくこともできると思います。そうすれば、主役抜きの「人生会議」でも、親の意向に近づけるのではないかと思います。

「人生会議」の見直しを恒例行事に

介護が必要になる前に「人生会議」をしておけば、いざ介護をスタートするときに慌てずにすむので、親と子ども、家族全員の安心材料になります。

しかし、人の気持ちは移ろうものです。あのときの親の気持ちは今日の親の気持ちではないかもしれません。

また、新しい介護サービスが生まれたり、介護者である子どもの仕事環境が変わり、介護に使える時間が増えたり減ったりすることもあるでしょう。一度「人生会議」で決めたことでも、定期的な見直し、メンテナンスが必要です。

見直しをするタイミングとして私がおすすめしているのは、例えばお正月です。

お正月は親元に帰省する親族も多く、時間的にも余裕があるので、絶好の見直しタイミングです。ほかにも誕生日や、ゆっくり時間がとれる夏休みもいいタイミングだと思います。

それらを「人生会議」の見直しタイミングとして「わが家の恒例行事」にして、常に介護の方針を更新しておけば、いつ「その時」がきても慌てることなく落ち着いて対応できます。

最初は「何もわざわざお目出たいお正月や誕生日に……」と親は気が進まないかもしれませんが、お互いに後悔しないためにと諦めずに説得して、ぜひ「わが家の恒例行事」にしてほしいと思います。

医療技術の進歩、法律改正時も見直しのタイミング

身体中にチューブやセンサーが取り付けられた患者のことを「スパゲティ症候群」と呼ぶそうです。チューブだらけで最期を迎える姿は、正視に耐えない

人も多いのではないかと思います。「病院でスパゲッティ状態になるのは嫌だ」という人は、実際にそんな場面を見たか、聞いたことがあるのかもしれません。

最近は高齢者が入院すると、医師は「万が一のとき蘇生処置をしますか」と必ず親族に確認します。胸の骨が折れるほどの心臓マッサージを望むかというわけです。それは可哀想なので、多くの親族は「ノー」と答えるのだと思います。

しかし、入院している当の本人は蘇生処置を望んでいるのに、それを伝えられない状態という場合があるかもしれません。最期まで本人の意思を尊重し、そして残される家族として迷うことなく後悔を残さないためにも、この点についても「人生会議」で決めておくといいでしょう。

最期の迎え方について言えば、将来、安楽死を含めて、苦しみや痛みのない死に方が選択できる時代がくるかもしれません。医療技術の進歩や法律の改正などによって、最期の迎え方の選択肢が広がる可能性があります。また、選択肢が広がることで、本人の希望が変わることも考えられます。医療技術が進歩したり、法律が改正されたときも、「人生会議」で決めたことを見直し更新しておくタイミングです。

お墓は誰が守るのかも決めておく

配偶者居住権の創設、遺産分割前における預貯金債権の行使など、民法が改正されて相続する側に有利な制度が施行されるようになりました。とは言っても、「親から引き継ぐもの」でのやっかいな問題がなくなったわけではありません。例えば、お墓です。

以前なら「〇〇家之墓」を守っていくのは長男というのが一般的でした。しかし、親は地方に暮らしていて、長男は都会で一家を構えている。次男のほうが親の近くにいるので、次男が墓を守るのが現実的というようなケースは珍しいことではありません。

ここ数年の新型コロナウイルスによる行動制限で、子どもたちが帰省できず、墓参りもできないという状況が生まれました。その影響もあってか、テレビのCMでよく見かける都会のマンション型のお墓の購入を検討する人が増えているようです。

いずれにせよ、先祖や親が眠るお墓を誰が守るか。これも「人生会議」で決めておきたい重要ポイントです。

まだお墓を所有していない場合は墓所や墓石を購入しなければなりません。一般的なお墓の平均購入価格は一六九万円という調査結果があります。

すでにお墓を所有していても、維持管理費として年間二〇〇〇～一万五〇〇〇円程度が必要です。

ほかにもお墓のメンテナンスや修理にかかるお金、お墓参りにかかるお金、お寺にお墓がある場合はお布施や寄付金などが必要になるかもしれません。お墓を守っていくには、それなりの経済的な負担を覚悟しなければならないのです。

田舎のお墓を守っていくには交通費もかかるし維持費もかかるということで、最近は経済的理由から「墓じまい」をする人が増えています。

しかし「墓じまい」をするのにも費用はかかります。墓石の撤去費用だけでも二〇万円くらいかかり、「墓じまい」には数十万円、場合によっては数百万円かかるともいわれています。

お墓の購入や維持、あるいは「墓じまい」にかかる費用を、単に長男だから、あるいはお墓の近くに住んでいるからという理由だけで、誰か一人に負担させてしまっていいものかどうか。大きな金額を要することなので、これも「人生会議」でしっかり話し合っておくべき大きなテーマの一つだと思います。

自分が死んだ後のことまで考えておく

お墓に関連して言うと、将来的なことを考えると共同墓でいいのではないかと考えている人もいます。

自分は一人っ子なので、将来、単身の高齢者になるかもしれないというようなケースでは、共同墓が現実的なのかもしれません。親にも共同墓に入ってもらえれば、将来の不安が一つ消せることになります。

共同墓ではなく、「本家の墓に入れてもらおう」「兄弟姉妹の墓に入れてもらおう」と考えている人もいますが、親族の中には「それは筋ではない」と言い出す人がいるものです。そんなことを言い出す人と同じお墓に眠るのは、死んだ後とはいえ肩身が狭いというものです。

円満に一族の誰かのお墓に入れてもらえることになったとしても、死んだ後に法要をしなければなりません。法要にはお寺へのお布施のほかにも、食事代、花代など、けっこうな出費になります。それを一周忌、三回忌……と続けることを考えると、後を託された人にとっては相当な出費になります。

法要についても「何回忌まで」のように親の意思をはっきり聞いておけば、後を託された子どもはまた悩みが一つ消せます。

つまり、介護の在り方から最期の迎え方を決めおくだけでは、リアルな「人生会議」とはいえません。死んだ後のことまでリアルに考えておくことが必要です。

親が死んだ後は言うまでもなく、自分が死んだ後のことまで元気なうちに考え、配偶者や子ども、信頼できる人に伝えておきたいものです。

「言いっぱなし」はNG

熟年離婚までいかなくても、「あんな夫と一緒の墓に入りたくない」という人がいます。

逆に、「二人だけでお墓に入りたい」という人もいます。そういう夫婦を見て「死んだ後もラブラブでいいですね」と気軽に言う人がいます。しかし、その墓守りは誰がするのでしょうか。

介護の「人生会議」でそれぞれの希望や要望を聞き出しておくのは基本中の基本です。しかし、自分に万が一のことがあった場合、あるいは託されたことを身体的、経済的に遂行できなくなった場合、「自分の代わりは誰がしてくれるのか」というところまで具体的に考えておいてほしいと思います。

お墓だけではありません。例えば、ペットです。夫婦二人の場合や一人暮らしの人などはペットより先に自分が死んでしまった場合、それは誰が引き取るのでしょうか。

親族がいたとしても住宅事情によっては引き取ることができないケースや、飼育代まで出せないという場合もあるでしょう。そもそも動物が嫌いという場合がないともいえません。

ペットも家族ととらえる人が多くなっています。ペットの命やその後の生活も大事だからこそ、「誰がどこまで」を決めておく必要があるのです。

「人生会議」に「言いっぱなし」はNGです。リアルな「人生会議」では、「自分の代わりは誰がするのか」「その後は誰に託すか」、そこまで話し合っておいてほしいと思います。

自分のための「人生会議」

自分の人生は誰のものでもありません。自分自身のものです。自分はどう生きるか、どう死ぬかを考えておく自分の「人生会議」もしてみてはどうでしょうか。なぜなら、今日は元気な私たちでも、明日は突然の病気で介護が必要になったり、意思が伝えられない状態にならないとは言い切れないからです。

病気になって手術が必要なときに、医師に「よろしくお願いします」と言ってすべてを委ねてしまう人がいます。しかし、どういう医療を受けたいかは自分で選択できる時代になりました。

がんになっても、痛みは取ってほしいが自宅で家族と暮らしたいという人は珍しくありません。言い換えれば、一分でも一秒でも長く呼吸することが重要なのではなく、自分らしい最期を迎えたいということを重視する時代になったということです。私が毎月開催している介護者カフェでも先に紹介した「もしバナゲーム」をやることがありますが、最期の考え方は十人十色です。介護に関心を持ったことをきっかけに、人生一〇〇年時代を生きなければならない自分のために、「自分のための人生会議」をしておくことをおすすめします。

「死」を感じるから「生」を意識できる

私たちは「ごく近い将来」の予定をこなすことに追われているので、これまでの自分の生き方、これからの自分の生き方を俯瞰的に見つめる機会は案外少ないものです。

宗教的なバックボーンを持つ人が少ない日本人は、「どのように生きていくべきか」を考えることが得意ではないのかもしれません。

学生時代に倫理を学び、一般教養で哲学を受講する程度では、自分の生き方を深く考えるチャンスそのものが少ないのかもしれません。

いまは三世代同居が少なくなり、人が衰えていく過程を間近に見る機会が減り、実際に息を引き取るところは圧倒的に病院なので、人の死に接して生き方を考え直す機会も少ないと思います。

介護疲れで親の命を奪ってしまう悲しい事件がたびたび起きますが、毎日が介護される人と介護する人の二人だけの世界になってしまうと、周りが見えなくなり、自分はどう生きるかというところまで考えるチャンスはさらに減ってしまいます。

身近な人の衰えや死に直接に接することは、どうやって生きるかを考えるきっかけになり、精神的な豊かさにつながっていくと思います。

デイサービスの施設や老人ホームを見学すると、いろいろな高齢者がいて、いろいろな「朽ち方」を学ぶことができます。高齢になるとはどういうことかを考えるとき、そうした施設を見学させてもらうのも有益な方法です。

そこで高齢者の「朽ち方」を見ておくと、五年後、一〇年後の親の姿と二〇年後、三〇年後の自分の姿を想像することができると思います。

そういう高齢者の姿を見れば、「親との別れ」「自分と家族との別れ」をリアルに想像でき、ある種の「覚悟」を持てるようになるのではないかと思います。

「死」を感じるから「生」を意識できる。「人生会議」で死に方を考えることは、逆に自分自身の「生き方」を見つめ直すことに通じるのです。

第4章

介護は自分を成長させるチャンス

介護で身に付く一〇の能力

「仕方なく」の中に「やりがい」を見つける

私は仕事柄、これまで多くの介護者の話を聴いてきましたが、誰かの介護をすることになったとき「待ってました」「やりたかった」「嬉しい」、そんな声を本心からあげた人には、いまだ出会ったことはありません。大抵は、誰かがやらなくてはいけないという使命感のもと「仕方なくやること」。つまり、介護は「やらされ感満載」。やらされているから我慢が生じ、疲弊感も増し、ストレスフルになっていくのです。

介護制度、医療・看護体制が整い、平均寿命は延び続けているので、いったん介護が始まると、いつ終わるのかもわかりません。介護者にとっては長生きは嬉しい気持ちと拮抗する思いがあることも然り。

誰もが長寿になる可能性がきわめて高い社会では、当然、誰もが誰かの介護をする可能性が高くなります。五年、一〇年、場合によっては二〇年以上、私も二〇〇〇年から叔母の介護がスタートし、母の介護まで切れることなく介護をしていますが、対象者が変わっても、介護に明け暮れる毎日を送らなければならないかもしれません。

そんな長期間にわたる可能性のある介護を、大事な「自分の人生」の中で「やらされ感満載」「仕方なくやること」として取り組むのはもったいない話です。できることなら介護に「やりがい」を見出し、人生の充実につなげたいものです。

そこで私は、介護を「能力アップのチャンス」「自分を成長させるチャンス」と捉えてみてはどうかと思っています。まさに「介護のジョブ・クラフティング」です。実際、介護を続けていると副次的に能力アップができる場面はふんだんにあります。要は捉え方一つ。以下、私が考えた「介護をとおしての一〇の能力アップ」を紹介していきます。

介護で身に付く能力①▼▼▼時間管理能力

しっかりと介護をするためには十分な睡眠時間と、介護から離れてリフレッシュする時間を確保することが重要と前章でも述べました。つまり、仕事のパフォーマンスを維持するのと同じように、いい介護をするためには介護する人自身がコンディションを整えておくことが大切です。

睡眠時間の確保は言うまでもなく、休息と気分転換やリフレッシュの時間、家事、仕事を持っていればスケジュールの調整など、介護には時間管理スキルが欠かせません。

その意味で、介護は時間管理能力を高める絶好のチャンスと捉えることができるのではないでしょうか。

オンビジネスでは人と面会したり会議を招集するときなど、時間調整は欠かせません。面会や会議のための準備、それをいつまでに終わらせるか……、というように仕事の場面では自然と時間管理能力が身に付きます。

介護も同じことです。いい介護をしようと思えば睡眠や気分転換の時間を確保するために、時間のやりくりをしなければなりません。またケアマネジャーとの打ち合わせ、訪問医療の医師や看護師、ヘルパーさんの訪問時間など、介護にはいろいろな時間調整が必要です。

こう考えると、「介護は時間調整の連続」といってよく、だからこそ副次的に時間管理能力がアップしていくと考えられるわけです。

介護と仕事を両立する場合などは、いくら時間があっても足りないという気持ちになることがあります。そんなときは、「今、時間管理能力アップトレーニングの真っ最中」と考えて、前向きに介護に取り組んでほしいと思います。

介護で身に付く能力②▼▼▼忍耐力

介護にはさまざまな場面で我慢が求められます。要介護者は思うように体を動かすことが難しいので何をするにも時間がかかります。数メートル先のトイレに行くのにも、パジャマに着かえるのにも十数分、数十分かかるかもしれません。そんなとき、ついつい急かしたくなる気持ちは理解できます。

しかし「早くしなさい」と大きな声を出したところで、さっさとできるわけではありません。大きな声を出せば、自分には気まずさが残り、要介護者には寂しさが残るだけです。

また、高齢者によっては自分の意思をうまく表現することや相手の話を正確に理解できない場合もあります。何を言っているのかを理解したり、こちらの話を伝えるのにも時間がかかります。介護は「じっと見守り続ける」「根気強く聞く、話す」の連続です。

「子育ては忍耐だ」と言った人がいます。子育て経験者なら納得できると思いますが、実際子育てをして我慢強くなったというママはたくさんいます。

しかし、子どもを産んだ瞬間から忍耐強いママなどいないのです。根気よく、辛抱し我慢しながら子育てをするうちに忍耐力がついたのです。

介護も同じです。介護をしていると、少しずつ耐える力、待つ力が身に付いていきます。

介護で身に付く能力③▼▼▼観察力と想像力

介護施設で働く職員は「観察眼が重要」とよく言われます。利用者の「ちょっとした変化」に気づき、直ちに対処する必要があるからです。

高齢者は体調が優れなかったり気分が悪くても、「迷惑をかけてはいけない」「申し訳ない」と思って我慢してしまう場合があります。そのとき、「ちょっとした変化」に気づかずに放置してしまうと、取り返しのつかない大事を招きかねません。

夏場になるとノーエアコンで命を落とした高齢者のニュースが必ず報道され

ます。高齢者は体温の調節機能が落ちているため暑さを自覚しにくく、熱を逃がす体の反応や暑さ対策の行動が遅れがちです。自分が介護している人の特性や家の形態から遠隔で操作ができる家電や、タイマーの利用など、何をどう工夫すればよいか。こういったことにも想像力が必要です。

家族と同居していても、猛暑の季節に熱中症で倒れる高齢者がいます。熱中症の初期症状には、めまい、立ちくらみ、足の筋肉がつるなどがありますが、家族がしっかり観察していれば、いち早くその異変に気づき、水分を補給する、体を冷やすなど、適切な対処が可能です。家族が常に一緒にいられないときは見守りカメラやヘルパーさんの利用などで対策を取ればよいのです。

要介護者の「ちょっとした異変」に気づくためには、「普段の様子」をよく観察しておく必要があります。

食欲、顔色、動作のスピード、足のむくみ、声の大きさや話し方、トイレの回数、着替えや入浴にかかる時間など、普段の様子をしっかり観察しておくと、ちょっとした異変、いつもと違う様子に気づきやすくなります。

要介護者を観察して異変に気づいたら、その次に発揮してほしいのは「想像力」です。

例えば着替えのとき、夕べの就寝時にはなかったのに、膝に内出血を発見したとします。高齢者は血管がもろくなっているので総じて内出血を起こしやすいものです。内出血を起こしているからには、「何かをした」「何かがあった」と考えられます。

この場合の膝の内出血なら、転倒した際に膝を強打したのではないかと想像できます。転倒が疑われるのなら、打ち身だけなのか、大腿や骨盤にひびは入っていないかなど、次々と想像できると思います。

私の相談者に高齢の親と同居している人がいます。ある日を境に、母親の腰が急速に曲がり、何度も転倒するようになったと言います。知人の母親は高齢者特有の「我慢強さ」からか、しばらく痛みを訴えなかったそうです。

しかし、あまりに痛そうにしているので、病院に行ってレントゲンを撮ると、骨盤を骨折していたそうです。診察した医師からは「昨日今日の骨折ではない」と言われてしまい、相談者は「もっと早くに気づいてあげれば」と反省しきりでした。

この話から得られる教訓は、高齢者の「日頃をよく観察」し、「ちょっとした異変」「いつもと違う様子」に気づき、「何があったか」を想像することがいかに大切か、ということです。

普段の様子に注意を払っていると知らず知らずのうちに「観察力」や「想像力」が培われていくと思います。ここにも「能力アップのチャンス」があるわけです。

介護で身に付く能力④ ▼▼▼判断力と対応力

介護で培われる能力はほかにもあります。例えば、「判断力」と「対応力」です。

高齢者と一緒に生活していると、じつにいろいろなことが起こります。私の相談者の事例を紹介します。

その相談者の父親は、毎朝仏壇の前に座って、お経をあげるのを日課としていました。ある日の朝、父親がいつものようにお経をあげている後ろ姿が右側に傾いていました。その後、朝食中にも「歳のせいか体が右に傾いてしまう」と父親が言ったそうです。それを聞いた相談者はすぐに脳梗塞を疑いました。救急車を呼び、嫌がる父親と一緒に乗り込み、近くの病院に救急搬送しました。

病院で検査をしたところ、予想に違わず軽い脳梗塞を起こしていたそうです。精密検査をしてみると、過去に脳梗塞を起こした跡がいくつかあり、その日が初めての梗塞ではないことがわかりました。「血管が詰まっては流れる」を繰り返し、それまで運よく大事には至らずにすんでいたことがわかったというのです。

この相談者の場合は、前項で述べた「観察力」と「想像力」によって脳梗塞を疑い、すぐに救急車を呼んだわけですが、その判断が的確でした。もしそのとき「少し様子を見よう」と現実を棚上げしたり、躊躇したりしていれば、後遺症が出たり、悪くすれば命にかかわっていたかもしれません。

このように、介護をしていると的確な判断が必要になる場面に出会うことが少なくありません。

小さな判断と対応でも、毎日一つひとつ適切に対応していくと、いつの間にか判断力と対応力が磨かれ、緊急的な場面でも冷静に適切な判断ができるようになると思います。

介護で身に付く能力⑤▼▼▼コミュニケーション力

介護は地域包括支援センターの担当者やケアマネジャーとの相談からスタートするのが一般的です。

そのときに、前章でも述べたように事前に介護版の「人生会議」をして要介護者の希望や要望をまとめておけば、納得のいく介護計画に近づけることができます。

しかし、たとえ介護版の「人生会議」をしていても、要介護者の希望や要望を的確に伝えられない場合が多くあります。なので、的確に要望を伝える会話力が要求されます。まして「人生会議」をしていなければ、その場で要介護者の希望を聞き出し、ケアマネジャーたちに要望としてまとめ上げ、伝えていかなければならないので、さらに会話力や伝達力が重要になります。

介護をしていると、ヘルパーさんの力を借りることがあります。親の介護をしている子どもが仕事を持っていれば、日中の不在時に、要介護者の排せつや食事、入浴などでヘルパーさんの力を借りることになります。

例えば、それらの介護について「こうしてほしい」という小さな改善点があれば、ケアマネジャー、あるいはヘルパーさんに直接伝えるわけですが、気持ちよく介護をしてもらうためには、相手が納得して受け入れる形で要望を伝えなければなりません。

訪問介護の利用者の中には、「お金を払っているのはこっち」という「お客様意識」があるのか、「ああしろ」「こうしろ」と命令口調で要望を伝えてしまうケースがあります。このタイプは会社の要職にあった人に多いようです。ついつい上司が部下に命令するような口調になるのでしょう。

しかしヘルパーさんは部下ではありません。気持ちよく介護の力になってもらうには、伝え方が大事です。ビジネスシーンでいえば、伝達力や交渉力に相当すると思います。

ここでは会話力、伝達力、交渉力を挙げましたが、これらを総合すれば「コミュニケーション能力」といってよいでしょう。介護は特定のビジネスシーンだけではない幅広い人たちとのコミュニケーション力をアップさせるチャンスなのです。

介護で身に付く能力⑥ ▼▼▼傾聴力

前項で介護にはコミュニケーション力が必要と言いましたが、それに関連してもう一つ加えるなら、傾聴力も大事です。

傾聴とは、文字通り「相手の話に耳を傾けて熱心に聴く」スキルのことです。もともとはカウンセリングにおけるテクニックで、相手が本当に話したいことを引き出して理解することに用いられます。

高齢者の場合、顔の表情や発音など、ＡＤＬ（Activities of Daily Living、日

常の生活動作）の能力が落ちて、考えていることや感じたことを言葉で表現しようとしても上手くできないことがあります。

そんなときは、表情や振る舞いなど、高齢者が発する言葉以外のメッセージにも心を配る必要があります。

傾聴のポイントは、まず話し手の言葉や気持ちを、ありのままに受け止めることです。決して批判や否定をしてはいけません。話を急かすのも禁物です。そして、話し手の立場になって共感してあげることです。

共感とは、話を聴きながら「そうなの」と相槌を打ったり頷いてあげて、話に同調していると示すことです。共感することによって相手は「自分を理解してくれている」「熱心に聴いてくれている」と感じ、安心します。

介護状態になると行動範囲が極端に狭くなり、一日中ベッドの上ということもあるので、自分一人が置き去りにされているように思い、不安や悲しみを感じやすくなります。そういう気持ちをすくい取って、安心させてあげることも介護の一部だと思います。

忙しい時間をやりくりして介護をしていると、どうしても時間がかかってしまう傾聴は難しいかもしれません。しかし、傾聴して存在を認めてあげれば、安心して介護生活を受け入れてくれるのではないでしょうか。

傾聴は聴き手が辛抱することが多く、慣れないと難しいと感じますが、職場でも家庭でも使えるスキルです。介護の場を借りて、傾聴スキルに磨きをかけるのは、子どもとのコミュニケーション、部下や同僚とのコミュニケーションなど、さまざまな場面に応用できる能力だと思います。

介護で身に付く能力⑦ ▼▼▼情報収集力

ビジネスにおける情報収集は目的達成のための第一歩です。業界の動向、取引先の業績など、相手を知らずに交渉しても勝ち目はありません。

介護でも「よい介護」をするためには、「何を行えばよいのか」「どのような方法があるのか」「手段は何を選べばよいのか」など情報収集は必須です。

介護情報の入手先としては、ケアマネジャー、地域包括支援センター、官公庁や地方自治体などの公共機関、インターネットの介護サイト、書籍、口コミなどが考えられます。

インターネットの介護WEBサイトや書籍で公開されている情報は、公開されてから時間が経ち古くなったものがあるので、公開されたのはいつなのか、最新の情報を選ぶようにしてください。

とくに介護情報は、関連の法律は逐次改正され、それにしたがって制度やサービスも変化していくので注意が必要です。

情報を収集するとき、収集した情報を家族と共有するために書き出してまとめるなどのアウトプットをすると、自分自身の理解も深まるので、アウトプットを意識することも大切です。

スマホやタブレットが普及したので、手軽にインターネットで介護に関する情報を集めることができるようになりました。介護サイトは介護関係者によってアップされていることが多く、いち早く情報に接することができるというメリットがあります。しかしその反面、個人の主観が入っていたり、情報をアップしている施設でのケースを公開していることもあるので、やはり注意して閲覧する必要があります。

前述したように、情報収集は仕事でも不可欠なことです。介護情報を集め、正確さを見極めて必要な情報を取捨選択していくことは、ビジネスシーンでも使える情報収集力を高めることにつながると思います。

介護で身に付く能力⑧▼▼▼継続力

介護を続けていると放り出してしまいたくなる時期がくるものです。それを我慢して続けていると、メンタルダウンして、いわゆる「介護うつ」になるリスクが高まります。

しかし、介護の対象は大事な家族であり、生きている人間です。簡単に放り出すことなどできません。

自分の心身の健康を保ちつつ介護を続けるためにはどうしたらよいか、その方法を考えておかなくてはなりません。

私は介護を継続させるためには、誤解を恐れずに言えば「いい加減さ」が必要だと考えています。

具体的に言えば、一生懸命になりすぎない、介護と程よい距離を保つ、客観的な心を持つ、介護サービスや介護施設をうまく利用するなどです。これが介護を継続させるコツです。

介護で躓《つまず》いてしまう人たちに多く共通していることの一つに、多少無理をしても介護を頑張ってしまう「一生懸命さ」があります。大事な家族だからこそ一生懸命になってしまうのは理解できますし、頑張ってしまう人は「いい人」

に違いありません。

しかし、要介護者が頼りにしている自分がつぶれてしまっては元も子もありません。そのためにも、あえて「一生懸命になりすぎない」ことは重要なことなのです。

何もかも自分でやろうとせずに、兄弟姉妹やパートナーにSOSを出して手伝ってもらう。手伝ってもらうことが難しいなら、経済的な協力をお願いして、介護サービスや介護施設を利用する……というように、「介護と程よい距離」を保つのです。

ビジネスの場においても、メンタルダウンしやすい人は基本的に「真面目でいい人」たちです。介護をスポーツにたとえるなら、マラソンのようなものです。四二・一九五キロを完走するマラソンで、短距離競争のように最初から全力疾走しては息切れして途中棄権してしまうのは当たり前です。マイペースを保つからこそ、坂道も登り切ることができ、完走することができるのです。

大切な家族の介護を途中で投げ出さないためにも、一生懸命になりすぎず、介護と程よい距離を保ち、介護サービスや介護施設をうまく利用することです。そのためにも、客観的な心で介護と向き合うことが継続力を高めます。

介護を継続させるには、「介護の沼に入り込まない」こと。それが継続のコツといえると思います。

介護で身に付く能力⑨ ▼▼▼ストレスマネジメント力

ただでさえストレスフルな世の中なのに、「自分の親なのだから自分が介護しないといけない」と介護を頑張りすぎて、さらにストレスを蓄積させてしまう人がいます。

介護者は日々介護をしていく中で身体的な疲れや、場合によっては経済的な疲れなどでストレスが蓄積し、慢性的な不眠を招いたり、「介護うつ」を引き起こしてしまうことがあります。

「介護うつ」になってしまうと、自分の生活すら成り立たなくなり、介護どころではなくなってしまう恐れがあります。

介護によるストレスを溜め込まないようにするには、体を動かしたり音楽を聴いたりして気分転換をする、今の自分の気持ちを書き出す、カウンセリングを受けるなど、一般的にストレス解消によいとされる方法以外に、介護サービスやボランティア、自治体独自の支援などを利用して自分の時間を確保してレスパイトケアをしたり、介護中の人たちが集う介護者の会（介護者カフェ等）に参加したり、「介とも」と語り合って共感を得るなど、自分のストレスマネジメントを積極的に行っていきましょう。ストレスマネジメントができないと前項の継続力にも影響がでてしまうことは容易に想像できると思います。

食欲が落ちたり寝つきが悪くなる、気分が落ち込む、集中力がなくなる、何にも興味が持てなくなる、生きている価値がないと思うなど、自分の異変に気づいたら、自分の心身の健康のために医療の力を借りるなど早期にストレス解消の手を打つべきです。

決して我慢しないこと、一人で何とかしようとしないことが介護のストレス解消には何より大切なことです。

介護をしていなかった生活から比べれば、経験したことのない目新しいストレスが加わる生活がスタートしたわけですから、介護をとおして自分に合ったストレス対策を見つければ、どんなストレスにも対応できるストレスマネジメント力が身に付きます。介護ストレスは、結果的に自分を精神的にワンランクアップさせるチャンスでもあるのですから。

介護で身に付く能力⑩▼▼▼アンガーマネジメント力

一次感情、二次感情の話でも触れましたが、介護は怒りとの闘いでもあります。特に認知症の介護の場合、同じことを何度も繰り返し聞かされる、何度言ってもすぐに忘れるといった場面が多く、イライラが募ります。いくら自分を育ててくれた親でも、大きな声で怒りをぶつけてしまいがちです。そのあとに残るのは、情けなさであり、「またやってしまった」という自責の念です。

誰でもできることなら怒りを抑えて、平穏な気持ちで介護をしてあげたいものです。

簡単に怒りを爆発させないようにするには、怒りをコントロールする術《すべ》を身に付けることです。いわゆる「アンガーマネジメント」です。

アンガーマネジメントの方法については多く紹介されていますが、その代表的な方法の一つが「6秒ルール」です。

怒りを感じて爆発しそうになったら、1、2、3……とゆっくり数えて6秒間我慢するという方法です。

どんなに激しい怒りでも、感情のピークは長くて6秒だといわれています。

この6秒を乗り切ってしまえば、衝動的な行動を起こしにくくなるというわけです。

介護で大きな声を出したくなったら、とにかく「6秒」我慢してみてください。第二章の「ちょっと待って、よくよく考えてみれば」で述べた「ちょっと待って」はこの6秒ルールのことです。

ほかにも怒りのコントロールには、どの程度の怒りを感じたのかを具体的に書き出してみる方法があります。なぜ怒ったのか、どのくらいの怒りだったのか、それを書き出していくうちに、冷静さを取り戻すことができます。

ほかにも「いったんその場を離れる」という方法もあります。忙しい介護の日常であれば、その場を離れるほうが有効かもしれません。

上司の怒りが充満しているような職場は快活さが失われ、生産性を落とすということで、アンガーマネジメントはビジネスシーンでも注目されています。

大切な家族に嫌な思いをさせないために、また何より怒りをぶつけてしまった後味の悪さを味わわないためにも、介護でもアンガーマネジメント力を高めておくことは大切だと思います。

当然、介護の場面以外でもアンガーマネジメント力を磨いておけば日常を円滑に過ごす上での役立ちスキルになりますね。

介護は「心の筋トレ」

ここまで一〇項目にわたり、介護をとおして鍛えられる能力を紹介してきました。介護を続けていくことは、強い心だけでなく、柔軟な心、耐える力など、人間としての深みが増す心を育ててくれます。

一流のアスリートの筋肉は、強さと柔軟さを兼ね備えています。強さと柔軟さを兼ね備えた筋肉を作るためにアスリートたちは日々トレーニングを続けているわけです。

トレーニングには厳しさと苦しさは付き物です。介護は厳しく苦しいことかもしれませんが、私たちの心を強く柔軟にしてくれる、いわば「心の筋トレ」ではないかと思います。

たしかに介護は肉体的にも精神的にも辛いことかもしれませんが、介護は副次的に自己成長を促してくれるチャンスであると思います。

何事にも表裏があります。介護のマイナス面ばかりにとらわれず、介護への向き合い方によってはプラスの面もある。そう心に止めるだけで、生きること、老いること、死ぬこと、幸福感、人とのかかわりなど、哲学的な部分も主体的に納得できるものになり、結果、人としての成長につながるのではないでしょうか。

第5章

介護は要介護者と介護者との共同プロデュース

介護の犠牲者にならず、人生一〇〇年時代を生き抜くために

「人生会議」の主役は医療従事者ではない

私は介護にかかわっている人たちが集って話し合える介護と認知症のカフェを運営しています。その介護カフェを支援してくれている地元の地域包括支援センターに、「人生会議」のパンフレットを準備しているかどうか訪ねたことがありますが、驚いたことに「人生会議って何ですか」と聞き返されました。厚生労働省が推進していても、残念なことに現場での「人生会議」の浸透度はまだそのレベルです。

しかし、「人生会議」は医療と介護にかかわることで、自治体にとっては医療と介護の予算に影響する問題なので、一刻も早い浸透が必要だと思います。

「人生会議」の主役は私たち自身で、医療従事者ではありません。私たち一人ひとりが自分の人生をどう築いていくかがメインテーマなので、私たちと医療従事者双方の「人生会議」に対する意識を底上げしていく必要があります。

リサーチのために介護休暇を使う

働きながら介護をする人に、一九九一年、通称「育児・介護休業法」が施行されました。有給か無給かは、その会社の規定によるものの、二週間以上の期間にわたり常時介護を必要とする状態にある介護対象者の家族は介護や世話をするために休暇を取得できるという制度です。

こう書いてしまうと、介護休暇は身体的な世話をするための休暇と理解してしまいがちです。しかし厚生労働省は、介護休暇をケアマネジャーとの介護計画の打ち合わせに使ったり、あるいは施設の調査や見学に使うことを認めています。

介護休暇を介護そのものに使うことを否定はしませんが、私は介護休暇をオムツの取り替えのような身体的介護のみに使うのではなく、介護に関する情報収集や足を運んでのリサーチにもぜひ使ってほしいと思います。

例えば施設入居を検討しているとき、施設のパンフレットや紹介動画、ケアマネジャーが提供する情報に頼るだけではなく、見学の予約を入れ、自分が出向いて現場を見てみる。するといろいろな情報を得ることができます。

まず、施設の周囲の環境がわかる。施設の職員の表情がわかる。施設内に入って、匂いを嗅ぐことも重要です。施設は生活の場なので、妙に消毒のアルコール臭が漂っていては、入院しているような気分で生活することになります。

食事時に行って、いい香りがしているなら、その施設で調理をして温かいものを提供してくれることもわかります。給食業者が作ったお弁当のような食事を提供されることも多いので、楽しみの一つである食事を確認することも大切です。

「施設は生活の場」ということを念頭に置いて施設選びをするのが、結局は入居者のためになると思います。

そういう情報は自分で実際に足を運んでみないとわかりません。老人ホームに限らず、デイサービスの施設でも、介護休暇を活用して普段の様子を自分の五感を使って確かめる。これも納得できる介護作りには欠かせないことだと思います。

もっと言うと、納得がいくといった漠然とした思いの満足だけではなく、サービスの内容が期待していたものとズレていたとき、ふりだしに戻って選び直し、契約し直すという手間が省け、時間が節約できるのです。

急がば回れ。施設での生活を早く定着させたいなら、事前のリサーチは小手先でやらないほうが、結果的に効率よく進んでいく。ビジネスと同じですね。

介護は要介護者と介護者との共同プロデュース

介護される側も、介護する側も、こういう介護ができたらいいという理想値があります。その理想を実現するのが時間的、体力的に難しければ、ヘルパーさんの助けを借りればいい。経済的な問題でヘルパーさんの力を借りられないなら、ほかの方法を考える……というように、常に「現実的な落としどころ」を見つけていくことも介護のうちです。

ある人から「プロデューサーの仕事」について話を聞いたことがあります。例えば映画のプロデューサーなら、まず作品のコンセプトを決定する。次に、その作品を実現させるのに最適なシナリオを書いてくれる脚本家と監督を決定する。さらに出来上がったシナリオを、誰に演じさせれば最も効果的になるか、理想的な俳優と配役を決める。ほかにも、カメラ、照明、音楽を誰に担当させるか。劇場公開の最適なタイミング（時間管理と調整）、いくら制作費を使えるか（制作資金の収集と管理）を総合的に決定・調整・管理するのがプロデューサーの仕事ということでした。

つまり、作品のコンセプトを実現させるための理想値を作り、選んだ脚本家、監督、俳優とスケジュールや金銭面で折り合わなければ、次善の監督や俳優に変えていく。資金が足りなければセットを縮小したり制作期間を短期化していくのだそうです。

こうしてみるとプロデューサーの仕事とは、理想値を追い求めつつ現実に落とし込む作業といえそうです。

理想を求めつつも現実可能な介護を選択していくという点で、介護は介護される人と介護する人が共同プロデューサーになって作り上げる「人生作品」といえるのではないかと思います。

介護される人も介護する人にも、それぞれに理想の介護像があると思います。その理想の実現が人的に不可能な場合、経済的に不可能な場合は、お互いによく話し合って、理想に近い選択、我慢できる代替案を探り出して、納得のいく妥協点を見出していくしかありません。

介護の対象は生きている人間です。生きるという行為には一日の休みもありません。その意味で、常に介護される人と介護する人とで「現実的な落としどころ」を共同プロデュースしていかなければならないのです。

「介護は子どもの務め」という先入観を捨てる

ここまで要介護者が信頼できる人が介護者になるべきであり、親の介護者はその子どもとは限らないと繰り返してきました。

介護は、介護される人と介護する人の共同プロデュースならば、タッグを組める共同プロデューサーを誰にするか、あるいは将来の自分の共同プロデューサーになってくれる人を今から決めて、それを選ばれた本人にしっかり伝え、了解を取り付けておくべきでしょう。

ビジネスの世界ではマネジメント力ばかりが強調されていました。しかしマネジメントもプロデューサーの仕事の一つです。

現実的な介護の場面では、親子が共同プロデューサーという場合が多いと思いますが、子どもの仕事が忙しい、遠くに住んでいるなどの場合は、打席に立てない子どもに代わって、ピンチヒッターの共同プロデューサーを連れてくればいいだけの話です。

代打となる人物を見つけ出して、プロデューサーに据えるのは、まさにマネジメント力です。

さらに言えば、かつては「介護＝家族」という考えがありましたが、介護制度が整ったいま、看護師もヘルパーさんも、周りにいる介護関係の人は誰でも力と技能を貸してくれる人として巻き込む時代になりました。

看護師やヘルパーさんは、プロデューサーとしての自分が配置した、介護という事業に必要なスタッフです。言うまでもなく、家族も介護のスタッフです。その意味では、看護師やヘルパーさんはワンポイントリリーフの家族と捉えることができるかもしれません。

また、家族の在り方そのものも変わってきています。血族や戸籍上の夫婦が家族という時代でもなくなっています。ＬＧＢＴＱの人たちにとっての家族は戸籍上ではないかもしれません。同じ考えの友人同士が戸籍上の家族よりも家族に近いと感じる人もいると思います。

介護休業制度や相続の問題など、法のしばりはまだまだあると思います。しかし、自分が本当に介護されたい、そして看取りのときに一緒にいて欲しい人は誰でしょうか。「介護＝戸籍上の家族」というだけでなく、誰が自分にとっての大切な家族なのかも考えていくことになるのではないでしょうか。

そう考えれば、介護される側も介護する側も「親の介護は子どもの務め」という堅苦しい先入観から解放されるのではないかと思います。

「おひとりさま」になったらどうするか

生涯単身の「おひとりさま」が増えています。いまは夫婦で元気に暮らしていても、子どもがいない場合、パートナーに先立たれれば最終的には「おひとりさま」になってしまいます。こうしたことを考えると、人生一〇〇年時代は「おひとりさま」の時代ともいえます。

三井住友信託銀行ではこうした時代背景を反映して、「おひとりさま信託」という商品を販売しています。

「おひとりさま信託」は、万が一のことがあった場合、信託した資金で葬儀の実施はもちろん、役所への行政手続き、病院代等の支払い、公的年金等の届出事務など、死後に発生するさまざまな事務手続きにかかる費用を精算し、残りの資金は指定の受取人に支払うなど、「計画的にエンディングを迎えたい人」にぴったりなサービスをセールスポイントにしています。

人は死んでもさまざまな手続きがあり、その事務処理を誰かに託すしかありません。

亡くなられた作家の瀬戸内寂聴さんは講話で「私たちはひとりで生まれ、ひとりで死んでゆきます」と言いましたが、観念的なことではなく超少子高齢化の中、現実的な「おひとりさま」で最期を迎える確率は高まっています。つまり、死後の事務処理を託す人を準備しておかなければならない時代なのです。

死後の事務処理を託す人がない場合は、「おひとりさま信託」のようなサービスを検討する必要があるかもしれません。

実際に「おひとりさま信託」を利用するかどうかはともかく、死んだ後のことは知らないというのは無責任というものです。「終わりよければすべてよし」ではないですが、人に迷惑をかけることなく、死後の始末までしっかりとして、はじめて人生を締めくくったことになると思います。

将来、単身者の自分が介護生活になったときのことを考えておくなら、その先のことまで準備しておく。そこまで備えておかないと安心できない時代になったということです。

カウンセリングを利用してでも自分のタイプを知っておく

介護は人の世話をすることなので、ママが子育てに愛情を注ぐように、情の問題が中心になるようなイメージがあります。ホームに入居させるのは可哀想、赤の他人のヘルパーさんにオムツ交換をしてもらうことでプライドが傷つきはしないか……という具合です。

しかし、実際の介護には割り切りが必要で、クールに考えなければできないものです。

この割り切り、冷静さ、クールさを悪いことと思わないことが、介護の犠牲者にならないポイントです。

介護は、介護をしてもらう人と介護をする人、その一対一の関係の中で行うことです。ですから、親と子どもの関係性によって、それぞれの介護のあり方があるのは当然なのです。テレビドラマには、お父さんとお母さんがハグし合い、そこに子どもも加わって抱き合うようなシーンをよく見かけますが、そんなことはできない夫婦関係、親子関係があるのは当たり前です。

まずは親と自分の関係性を見て、その関係性において「自分はこういう介護の方法を選ぶ」と考えるのは決して間違ったことではありません。

もっと言えば、母親のオムツ替えはできるけれども、父親のオムツ替えはできないというケースなどは、たとえ親でもその人に対しての向き合い方は違って当然なので、決して間違ったことではないのです。

自分が人に対する向き合い方は、人の数だけあります。友人のAさんBさん、父親、母親、兄と弟、姉と妹、その関係性はそれぞれ異なって当たり前です。なのに、介護だからといって「こうしなければいけない」と捉えてしまうほうが無理というものです。

できることなら介護が始まる前に、自分はどういう人間で、自分と親とはどういう関係性なのかを棚卸ししておくべきだと思います。

親との関係性を曲げてまで、模範解答のような介護を目指し、無理をしてそれを続けていると、いつか綻《ほころ》びが出てしまいます。

介護をする人が複数人いる場合、例えば兄弟姉妹がいる人はそれを共有しておくことも兄弟姉妹間トラブルの回避になるでしょう。

介護をしてもらう人と介護をする人、その一対一の関係性を重視して、自信を持って「自分はこういう介護の方法を選ぶ」と考える。たとえそれがクールな介護であったとしても、そうすることで介護の犠牲者にならず、最期まで介護をやり遂げることができるようになるのです。

疲れたら休む

介護をしていると、介護放棄をしてしまいそうになったり、やる気が出ずに仕事にも影響してしまうことがあります。そういうときは、一時的に介護と距離をとり、迷わずに休むことです。

前にも述べましたが、要介護者をショートステイに預けるなどして、一時的に介護を休むことをレスパイトケア（レスパイトは休息、息抜き、小休止といった意味）といいます。

介護疲れを感じたら、自分の人生を台無しにしないために、休む、相談する、自分の時間を作ることです。メンタルだけでなくフィジカルも大事にすることは、自分の人生においても介護においても絶対のことです。

介護施設の職員による入居者への虐待がニュースで取り上げられますが、令和三年度の市町村への高齢者虐待の相談・通報件数は、養介護施設従事者によるものが二三九〇件、養護者によるものは三万六三七八件。実は自宅介護をしている家族による虐待のほうが圧倒的に多いのです。これは露見した件数です。家族による虐待は家庭という密室の中で行われるので露見しにくいことを考えると、実際はこの何十倍もあるかもしれません。

虐待という言葉のイメージで、殴る、蹴る、放置などが思い浮かびますが、ちょっとした言葉による心理的ないやがらせも虐待です。例えば、食べ物をこぼしたりトイレを失敗すると「何してるの！」「汚い！」と言ってしまう。これくらいのことは誰でもやっているでしょう。

介護における虐待の原因の多くは介護疲れが原因で、とくに親子の間には遠慮がないので、ついついきつい言葉を投げつけてしまうのだと思います。関係性が深いほど気をつけなければいけない問題です。

毎月一〇〇時間を超えるような残業をしている人は、メンタル的にもフィジカル的にも限界に達しています。そんな人には休養がいちばんの薬です。

介護も同じで、介護疲れが蓄積していては自分がつぶれてしまいかねません。自分がつぶれてしまっては、大事な家族の介護を続けることもできません。

疲れたら休む。疲れたなと感じたら、「レスパイトケア」という言葉があることを、思い出してほしいと思います。

人と比べない、反省しない、完璧を求めない

同じような境遇にある人と話すとストレスの発散になったり、悩みが解消できたりします。それが目的で、私は介護真っ最中の人たちが共感できる場として、定期的に介護カフェを開催しています。

介護カフェには「介護の技」を交換したり、経験談を聞くことを目的にする人もいます。たしかに介護の経験談は参考になる情報が含まれています。

しかし介護の経験談は、「あくまでもその人のケース」という前提で聞かないといけません。経験談を聞いて自分と比較して安心したり落ち込んだりするのは意味のないことです。

介護を受けている人の年齢、体の具合、性格や好み、介護をする人が介護にかけられる時間的余裕、体力など、それぞれ状況が違います。介護される人と介護する人の関係性も十人十色でまったく違います。

私は介護のお話を皆さんにするとき、最後に次のような言葉で締めくくることにしています。

「介護で必要なことは、自分一人で抱え込まずに報告・連絡・相談を各所にすること。介護対象者のその人らしさ、尊厳を忘れないこと。十人十色の柔軟性を持つこと。事前の準備は怠らないこと。そして、完璧はないことを心にとどめておくこと」

完璧などないということを心にとどめておくと、どれほど心が楽になるか。

これはいちばん大事なことです。

日本の教育は完璧であることを求めます。その好例が反省会です。私たちは今日より明日は向上していないといけないという精神を刷り込まれて育ちました。だから、介護にも完璧を求めてしまいます。

完璧な介護を求めているのに、いくら頑張っても完璧を実感できない。何でできないのだろうと自分を責める。「もっともっと」「さらにさらに」と頑張った末、行き着くのは「介護うつ」です。

よい睡眠をとるには、寝る前に「今日の反省」をするのではなく、「今日も一日頑張った」と自分を労い自己肯定感を上げるほうが質のよい睡眠につながります。

介護も同じで、今日の介護の反省や明日の介護をくよくよ考えずに、「今日も一日頑張った自分は偉い！」と自分を褒めたたえてから眠りにつきましょう。

介護はするが反省はしない。介護はするが完璧は求めない。こういう姿勢で介護に取り組むことが、介護に振り回されずにすむ、賢い方法です。

介護とネガティブ・ケイパビリティ

前に述べた介護のジョブ・クラフティングは、介護を前向きにとらえてやりがいを感じるように解決していこうということなので、ビジネス用語的にいえば、目標を明確に掲げて、それを阻害する要因に対応する「ポジティブ・ケイパビリティ」の一つといえます。

しかし、介護はいつ終わるともわからない事態と考えることができるので、性急に結果を求めず、不確実さの中で日々を過ごす「ネガティブ・ケイパビリティ（負の能力）」でもあるといえます。

小説家で精神科医の帚木《ははき》蓬生《ほうせい》さんは『ネガティブ・ケイパビリティ』（朝日

選書）の中で、それを「答えの出ない事態に耐える力」と言っています。

介護がスタートしたらいつ終結するのか、その予測はできません。昔は認知症になったら寿命は一〇年といっていましたが、認知症の治療薬がなくても一〇年以上生きています。寿命ひとつとってみても、この先どうなるか誰にもわからないのです。つまり介護の本質は不確実さであり、ネガティブ・ケイパビリティ（答えなど出ない日々を送り続けていく力）そのものなのです。

いつまで介護が続くのか、なぜ昨日までできていたことができないのか、どうして理解できなくなってしまったのか、立派な親だと思っていたのに……。きりがない不確実性や懐疑。介護は答えのないもの、先が見えないもの、早急に小手先で解決しようと思っても解決できないことだらけです。介護が必要になったときは、それを受け入れ、そういう状況にある自分に寄り添い、「抗っても意味はない」と心得るしかありません。

私たちは早く正確に解決をしていくことばかりを追い求める生活をしてきま

した。介護を始めたばかりのころに「なぜ?」と戸惑う場面が多いのは、正確に解決をしていく習慣にとらわれすぎているからです。

人生一〇〇年時代において私たちに突き付けられている能力は、早急に正確に解決する力よりも不確実な事態に耐える力ではないでしょうか。

ネガティブ・ケイパビリティが高い人は、他者の立場に立ったうえで感情を分かち合う力、いわゆる「エンパシー(empathy、共感力)」を持っているといわれています。

介護経験は、まさしくネガティブ・ケイパビリティの力が養われている瞬間の積み重ね。この力を得るトレーニングとして、介護経験は金のわらじを履いてでも得たい、とっておきの人生のステージなのです。

あとがきにかえて――母の歌声が教えてくれたこと

最後に私の介護経験の中から一つ紹介します。

母が利用するショートステイの施設選びをしていたときのことです。完成したばかりの、とあるショートステイ施設を見学に行きました。その施設には特別養護老人ホームが併設されていたので、近い将来、特養入所を見据えていた私たちには好都合の利用計画です。ショートステイで施設の職員さんも母もお互いが顔見知りになり、慣れたところで終《つい》の棲家《すみか》となる特養入所は自然の流れの中で行われる理想形です。

施設内を見学させてもらうと、受付に向かうエントランスには滝が流れるデザイン。暖炉があって、ソファが置いてあって、バーカウンターのようなコーナーもある。

受付から続く広い通路を抜けると、奥のほうにガラス張りのセントラルキッチンがあり、中が見えるように工夫されていました。さらに進むと床は大理石のような石造りのエレベーターホール……、とても特養とは思えない豪華な設《しつら》えでした。

生活の場となる居室はユニット型で、入居者は一人ひとり個室を利用できるので、ほかの人の視線を気にせずに過ごせる。居室の壁紙やインテリアが部屋ごとに違う。そんな行き届いた内装も魅力的でした。

私は一目で気に入ってしまいました。ここなら母も喜ぶに違いない、私はそう思い、ケアマネジャーに施設のオープンと同時にそこのショートステイを押さえてほしいと頼みました。「そのホームに併設されているショートステイから、いずれは特養に」というシナリオが頭の中に出来上がり、これで介護の最終プロジェクトは成功だと思っていたのです。

計画通り母はその施設を利用することができました。施設は新品、スタッフは若く明るくアクティブでした。

ところがショートステイから戻ってきた母の腕を見ると、いくつもあざがあったのです。

原因は、スタッフの若さでした。若いスタッフなので介護技術が未熟で、母がよろけて倒れそうになると、ぐっと強く腕を握ってしまう。その圧迫痕ができていたのです。

私は、腕をきつく握るのを止めるように何度もお願いしたのですが、「転倒を避けるためにしました」「ケガをさせたわけではないので」と取り合ってくれません。

動き回る母にも問題はあったのですが、ある日の夜中、母が転倒して頭に傷を負うという事件が起きました。施設は救急車を呼ばずに、絆創膏を貼り応急処置。看護師から私に「病院に連れて行くように」と連絡が入ったのは翌朝でした。結局、三針縫うほどの裂傷でした。

なぜ転倒して傷ができたときに連絡をくれなかったのか……。これが施設への不信感の始まりでした。

不信感が決定的になったのは、大腿骨骨折でした。ショートステイから帰宅すると、母が「足が痛い、足が痛い」と訴えます。もともと足に痛みがあったので私はあまり気に留めずにいましたが、私の仕事の都合で、母を別のデイサービスの施設に預けたところ、その施設の看護師から「骨折しているから病院に連れていくように」と電話がありました。

すぐに骨折に気づかなかった私も注意不足でしたが、なぜショートステイで対応してくれなかったのか、さらに不信感が募りました。

結局、母は入院、手術となりました。するとショートステイの相談員がブーケを持って母のお見舞いに来てくれましたが、ケアマネジャーを通して、その施設では手に負えないとお断りの連絡が入りました。

明らかに施設のほうに落ち度があると思いましたが、膨らんだ不信感もあり、次に進もうと決意し別の施設を探すことにしました。そしてケアマネジャーの提案で、以前に数回利用したことのある特養併設のショートステイの施設を利用することにしました。

そこは古い建物で、外観が素晴らしいわけではないのですが、館内は清潔、働いているスタッフはベテランぞろいです。母がショートステイをしても、腕にあざを作って帰ることはなくなりました。

施設を変え、ショートステイ中の母を訪ねたある日のことです。中年のヘルパーさんがポータブルのキーボードをテーブルの上に置いて、「みんなで歌いましょう」とも言わず、一人でポロンポロンと弾き始めました。ちょっと懐かしい歌の弾き語りです。

すると、周りにいた入居者さんたちが一人、二人と、ごく自然にその場で一緒に歌い出しました。

個室にいた人もその歌声を聞きつけて部屋から出てきて集まり、いつの間にかヘルパーさんを中心に和やかに歌う場になっていました。

これまでの施設では歌を歌う場を拒否していた母でしたが、私が差し入れたケーキを食べる手を止めて、曲に合わせてフォークで拍子を取りだし、一緒に歌い出したのです。

これはすごいと思い、私は母の車椅子を歌の輪まで押して行きました。すると、先に集まっていた入居者さんが車椅子のスペースを空けてくれて、母は一緒に手拍子をしながら歌っています。

ヘルパーさんはキーボードをときどき間違えるし、間違ってもそこに集まる皆が笑っています。

この光景は本当に穏やかで無理のない自然な時間の流れでした。私は涙が出ました。

これまでの施設での歌の集まりは、「歌いましょう」と指示される学校のカリキュラムのような場だったのです。機能訓練というお題目のもとに生活の場に強制的に楽しみをねじ込むことの傲慢さを考えるきっかけとなる出来事でした。

それから四年たった今でも、あの日の光景を思い出すと涙があふれてきます。それと同時に、私はなんて浅はかで自分よがりの介護をしていたのだろうと思うのです。

施設選びのポイントを外観や内装の豪華さ、若いスタッフの快活さに置き、そういう施設なら母も幸せに生活できるに違いないと思っていたのです。しかし、それは大きな見当外れで、私の満足は母の満足ではなかったということを学んだのです。

母は現在もキーボードを弾くヘルパーさんがいる施設のお世話になり、にこやかに生活しています。

ここ数年はコロナ禍で面会ができなくなり、刺激が少なくなったのでそれなりに認知症は進みました。食事もとろみ付きになりましたが、完食していますし、たまに送られてくる写真はいい笑顔です。

入居する介護施設は生活の場です。生活の場は見た目のよさではなく、居心地のよさが優先されて当然。「私の満足優先」ではなくて、「利用する人の満足優先」で選ばなければいけません。

介護される人が満足できる介護を作り上げていくためには、「人生会議」という形でなくてもいいので、どういう介護がベストなのかということを、本人と介護者で話して話して話しつくす。そして在宅介護で自宅で看取るのか、施設介護で最期を迎えるのかを選択するためにも、実際に行動してリサーチし、できればお試しでトライし、ダメなら他の対策を試みることの連続。こうして後悔しない介護を進めるしかありません。

本書で介護には模範解答はないと述べましたが、介護される人の満足と介護する人の満足が一致することは難しくても、同じ方向を向いていれば、それはベストな介護だったといえるのです。

人生一〇〇年時代。私たちは介護する側から、やがては介護される側になることを避けられない時代に生きています。

本書では、そういう私たちがどうすれば「よりよい介護」を作り上げられるのか、そしてその介護経験をとおして私たちの人生を充実させられるのかについて、私が経験し学んできたことを紹介してきました。

本書に記したことの一つでも二つでも、現在、家族の介護をしている方、自分が高齢になったときのことを考えている方の悩みや問題解決のヒントになることを願ってやみません。

二〇二三年春

飯野三紀子

〈著者紹介〉
飯野三紀子（いいの　みきこ）
(社) 介護離職防止対策促進機構理事。ココロとカラダのケアラボ主宰。企業の人事部を経て、人材紹介会社でキャリアコンサルタントとして従事。2000 年に叔母、叔父、母などの介護が次々始まり 5 人の介護と 4 人の看取りを経験。介護離職を機に独立し、現在も要介護 4 の母を介護しながら、働く人の「心の健康」と「キャリアや介護と仕事の両立」支援を行なっている。ウェルリンク（株）にて「介護とこころの相談室」を立ち上げ相談に従事。介護者と認知症当事者が集う場として「ここからカフェ」を毎月開催。
著書に『仕事を辞めなくても大丈夫！ 介護と仕事をじょうずに両立させる本』（方丈社）がある。

やりがいある介護《かいご》・後悔《こうかい》しない介護《かいご》
ケアライフコンサルタントが考《かんが》えるしあわせ人生《じんせい》のつくり方《かた》

2023年 6 月14日　第 1 版第 1 刷発行

著　者　飯　野　三　紀　子
発行人　宮　下　研　一
発売所　株　式　会　社　方　丈　社
〒101-0051　東京都千代田区神田神保町1-32
星野ビル 2 F
Tel.03-3518-2272　Fax.03-3518-2273
https://www.hojosha.co.jp/

印刷所　中 央 精 版 印 刷 株 式 会 社

ISBN978-4-910818-06-1

方丈社の本

仕事を辞めなくても大丈夫!

介護と仕事をじょうずに両立する本

飯野三紀子 著

人生100年、「介護は当然」の時代がやってきた。介護と仕事を両立させるにはどうする？　この１冊で介護と仕事の両立の悩みは解決！　そのカギは「介護はマネジメント」と捉えること。５人の介護と４人の看取りを経験し、現在もひとりで母を介護中の著者だからこそわかる、キャリアを捨てないための工夫とテクニック。介護を冷静に見つめれば「やるべきこと」がすっきり見えてくる。

四六判並製　280頁　定価：1,500円＋税　ISBN：978-4-908925-28-3